水运工程试验检测仪器设备
检定/校准指导手册

Shuiyun Gongcheng Shiyan jiance Yiqi Shebei
Jianding/Jiaozhun Zhidao Shouce

(交办安监〔2018〕33号)

人民交通出版社股份有限公司
China Communications Press Co.,Ltd.

图书在版编目(CIP)数据

水运工程试验检测仪器设备检定/校准指导手册 / 曹玉芬主编. — 北京：人民交通出版社股份有限公司, 2018.11
ISBN 978-7-114-15100-2

Ⅰ.①水… Ⅱ.①曹… Ⅲ.①航道工程—试验设备—校验—方法—手册②航道工程—检测—仪器—校验—方法—手册 Ⅳ.①U61-62

中国版本图书馆 CIP 数据核字(2018)第 253008 号

书　　名：	水运工程试验检测仪器设备检定/校准指导手册
著　作　者：	曹玉芬
责任编辑：	黎小东
责任校对：	刘　芹
责任印制：	张　凯
出版发行：	人民交通出版社股份有限公司
地　　址：	(100011)北京市朝阳区安定门外外馆斜街 3 号
网　　址：	http://www.ccpress.com.cn
销售电话：	(010)59757973
总 经 销：	人民交通出版社股份有限公司发行部
经　　销：	各地新华书店
印　　刷：	北京市密东印刷有限公司
开　　本：	880×1230　1/16
印　　张：	9.5
字　　数：	230 千
版　　次：	2018 年 11 月　第 1 版
印　　次：	2018 年 11 月　第 1 次印刷
书　　号：	ISBN 978-7-114-15100-2
定　　价：	70.00 元

(有印刷、装订质量问题的图书,由本公司负责调换)

交通运输部办公厅文件

交办安监〔2018〕33号

交通运输部办公厅关于印发《水运工程试验检测仪器设备检定/校准指导手册》的通知

各省、自治区、直辖市、新疆生产建设兵团交通运输厅（局、委），长江航务管理局：

为提高试验检测机构仪器设备管理水平，规范仪器设备检定/校准工作，确保试验检测数据可靠准确，部组织编制了《水运工程试验检测仪器设备检定/校准指导手册》（以下简称《指导手册》），涵盖《公路水运工程试验检测机构等级标准》中水运工程材料甲级、结构甲级和《测绘资质分级标准》中海洋工程测量所涉及的仪器设备，明确了水运工程试验检测仪器设备的管理方式、依据标准及计量参数，是试验检测仪器设备检定/校准工作的重要依据。《指导手册》的更新情况可通过部网站（www.mot.gov.cn）进行查询，日常解释和维护管理工作由国家水运工程检测设备计量站负责。

经交通运输部同意，现将《指导手册》印发给你们，请遵照执行。执行中如发现问题，请及时反映至国家水运工程检测设备计量站（地址：天津市滨海新区塘沽新港二号路2618号，邮编：300456，电话：022-59812271，邮箱：tksgjjlz@tiwte.ac.cn）。

交通运输部办公厅
2018年3月7日

前 言

2018年4月,交通运输部安全与质量监督管理司印发了《水运工程试验检测仪器设备检定/校准指导手册》(交办安监〔2018〕33号,以下简称《指导手册》),以提高试验检测机构仪器设备管理水平,规范仪器设备检定/校准工作,确保试验检测数据可靠准确。《指导手册》涵盖《公路水运工程试验检测机构等级标准》(交安监发〔2017〕113号)中水运工程材料甲级、结构甲级和《测绘资质分级标准》中海洋工程测量所涉及的仪器设备,明确了水运工程试验检测仪器设备的管理方式、依据标准及计量参数,是试验检测仪器设备检定/校准工作的重要依据。为落实和贯彻《指导手册》编制本书。

本书一共分为三个部分:第一部分为《水运工程试验检测仪器设备检定/校准指导手册》编制说明,对《指导手册》的适用范围、引用文件、术语定义以及《指导手册》设备表格的结构和意义进行介绍;第二部分为《指导手册》仪器设备检定/校准列表,包括设备编号、管理类别、依据标准、计量参数以及备注等内容;第三部分为附录,包括仪器设备的图片和用途,方便读者查阅。

请各地将使用过程中发现的问题或建议,反馈至交通运输部天津水运工程科学研究所国家水运工程检测设备计量站(地址:天津市滨海新区新港二号路2618号,邮编300456,电话:022-59812271)。

指导部门:交通运输部安全与质量监督管理司
主编单位:交通运输部天津水运工程科学研究所
参编单位:武汉港湾工程质量检测有限公司、厦门捷航工程检测技术有限公司、天津港湾工程质量检测中心有限公司、苏交科集团股份有限公司、上海港湾工程检测技术有限公司、中交天津港湾工程设计研究院有限公司

顾 问:张继顺 李洪斌 刘 巍
主 编:曹玉芬
副 主 编:王跃全 韩鸿胜

主 审:窦春晖 徐满意 杨 鲲 张德文
副 主 审:曹媛媛 洪 帆 苏 宁 张宝华 喻志发 王 华
 杨 扬 曹胜敏 司炳君 梁武南 张 良
参加编写:张 旭 吴晓雪 赵 晖 陈业平 赵春文 顾伟园
 居炎飞 戴瑞芬 王海峰 朱耀庭 陈浩宇 李绍辉
 柳义成 周振杰 高术仙 李 妍

目 录

第一章　编制说明 ………………………………………………………………… 1
　一、适用范围 …………………………………………………………………… 1
　二、引用文件 …………………………………………………………………… 1
　三、术语和定义 ………………………………………………………………… 1
　四、有关说明 …………………………………………………………………… 2
第二章　水运工程试验检测仪器设备检定/校准列表❶ …………………………… 5
　一、土 …………………………………………………………………………… 5
　二、集料 ………………………………………………………………………… 7
　三、岩石 ………………………………………………………………………… 10
　四、水泥 ………………………………………………………………………… 12
　五、水泥混凝土、砂浆 ………………………………………………………… 15
　六、水 …………………………………………………………………………… 22
　七、外加剂 ……………………………………………………………………… 24
　八、掺和料 ……………………………………………………………………… 30
　九、无机结合料稳定材料 ……………………………………………………… 33
　十、沥青 ………………………………………………………………………… 35
　十一、修补加固材料 …………………………………………………………… 35
　十二、土工合成材料 …………………………………………………………… 38
　十三、预应力波纹管 …………………………………………………………… 40
　十四、钢材与连接接头 ………………………………………………………… 43
　十五、钢绞线与锚具、夹具、连接器 ………………………………………… 47
　十六、砖 ………………………………………………………………………… 48
　十七、混凝土与钢筋表面防腐 ………………………………………………… 49
　十八、混凝土结构 ……………………………………………………………… 53
　十九、钢结构防腐 ……………………………………………………………… 55
　二十、混凝土结构 ……………………………………………………………… 56
　二十一、混凝土与钢筋表面防腐 ……………………………………………… 59
　二十二、钢结构与钢结构防腐 ………………………………………………… 63

---

❶ 列表项目中,一~十九为材料类,二十~二十五为结构类,二十六~二十九为水文地质测绘类。

二十三、结构及构件………………………………………………………… 65
　　二十四、基桩与地下连续墙………………………………………………… 69
　　二十五、地基与基坑………………………………………………………… 73
　　二十六、定位定向…………………………………………………………… 79
　　二十七、浪潮流沙…………………………………………………………… 79
　　二十八、地形地貌…………………………………………………………… 81
　　二十九、重磁………………………………………………………………… 81
附录　设备仪器相关信息………………………………………………………… 82
　　一、材料类…………………………………………………………………… 82
　　二、结构类…………………………………………………………………… 124
　　三、水文地质测绘类………………………………………………………… 136

第一章 编 制 说 明

一、适用范围

《水运工程试验检测仪器设备检定/校准指导手册》(以下简称《指导手册》)适用于工程质量监督机构对试验检测行业的计量管理,指导水运工程试验检测机构(含工地试验室)和水运工程水文勘察测绘机构开展仪器设备的检定/校准工作。仪器设备生产、使用等单位可参考使用。

二、引用文件

1.《中华人民共和国计量法》;
2.《中华人民共和国标准化法》;
3.《中华人民共和国计量法实施细则》;
4.《公路水运工程试验检测机构等级标准》(交安监发〔2017〕113号);
5.《水运工程试验检测仪器设备计量管理目录》(交办科技〔2016〕56号);
6.《测绘资质分级标准》(国测管发〔2014〕31号);
7. JJF 1001—2011《通用计量术语及定义》;
8. CNAS-CL31:2001《内部校准要求》。

三、术语和定义

下列术语和定义适用于本手册。
1.计量标准:具有确定的量值和相关的测量不确定度,实现给定量定义的参照对象。
2.计量器具:指能用以直接或间接测出被测对象量值的装置、仪器仪表、量具和用于统一量值的标准物质,包括计量基准、计量标准、工作计量器具。
3.内部校准:在实验室或其所在组织内部实施的,使用自有的设施和测量标准,校准结果仅用于内部需要,为实现获认可的检测活动相关的测量设备的量值溯源而实施的校准。

四、有关说明

(一)编号

"编号"是对本《指导手册》所列仪器设备的唯一标识,统一采用字母加数字的 10 位字符编码,其对应关系如下:

10 位编码中,除表示水运行业的"SY"为英文字母外,其余均为数字,字母后两位表示仪器设备使用时所归属的专业,共分为三个专业:材料检测专业(01)、结构(地基)检测专业(02)和水文地质测绘专业(03)。

"项目"编码是指仪器设备所属"专业"中"试验检测项目"的顺序号,其中材料检测专业项目为 01~19,结构(地基)检测专业项目为 01~06,水文地质测绘专业项目为 01~04。

最后四位编码按照《公路水运工程试验检测机构等级标准》(交安监发〔2017〕113号,以下简称《等级标准》)附件水运工程试验检测机构等级标准(材料甲级)中表 2-1、水运工程试验检测机构等级标准[结构(地基)甲级]中表 2-4"仪器设备配置"的顺序以及其他参照文件仪器设备名称依次编排方便使用。当《指导手册》中出现相同设备时,采用首次出现时定义的编号,未重复设备序号顺延。

(二)项目类别

"项目类别"中材料检测专业和结构(地基)检测专业内容与《等级标准》附件中的"试验检测项目"对应。《指导手册》中编号 SY0101~SY0119 对应《等级标准》附件水运工程试验检测机构等级标准(材料甲级)中表 2-1"试验检测能力基本要求及主要仪器设备"中的 1~19 项。SY0201~SY0206 对应《等级标准》附件水运工程试验检测机构等级标准[结构(地基)甲级]中表 2-4"试验检测能力基本要求及主要仪器设备"中的 1~6 项。

"项目类别"中水文地质测绘专业内容与《测绘资质分级标准》中海洋工程测量仪器设备对应。《指导手册》中编号 SY0301~SY0304 对应水文地质测绘专业仪器设备 4 个分类。

(三)设备名称

指具体的仪器设备在交通行业内所使用的名称。原则上与《等级标准》中"仪器设备配置"中的名称一致。

(四)管理类别

指仪器设备量值溯源的具体方式。分为三类:

Ⅰ类:共计 126 种。有公开发布的国家计量检定规程及校准规范,一般应送至质量技术监督部门依法设置的计量检定单位(如国家、省、市、县计量院、所)或具备相应仪器设备计量能力的专业计量站、校准实验室进行检定/校准,并取得检定证书或校准证书。

Ⅱ类:共 118 种。指水运行业计量管理的专业检测仪器设备,分两种情况进行管理:

Ⅱ-1:有公开发布的国家或交通运输部部门计量检定规程及校准规范的仪器设备(42 种),在"依据标准"中标明具体文件。建议试验检测机构将此类仪器设备送至国家水运工程检测设备计量站(或参加其集中检定/校准活动),或地方交通运输专业检定机构进行检定/校准,如以上计量机构不具备某项仪器计量标准授权,则可将该仪器送至有技术能力的计量机构,根据"依据标准"和"计量参数"所示内容进行检定/校准。

Ⅱ-2:无公开发布的国家或交通运输部部门计量检定规程及校准规范的仪器设备(76 种),在"依据标准"中为空白栏。这类仪器设备的检定/校准目前尚没有可直接依据的公开发布的技术文件,在行业检测中对结果影响重大,需要编制国家或交通运输部部门计量检定规程及校准规范。检测机构可将设备送至有技术能力的计量机构,按检测标准/规范要求,对影响检测的主要参数进行检定/校准;待国家或行业公开发布有直接依据的技术文件后,按照Ⅱ-1 进行管理。

Ⅲ类:共计 74 种。此类仪器设备应开展内部校准或自行维护。检测机构根据计量参数,定期实施内部校准,保证检测结果准确;根据仪器设备产品标准、试验检测方法等技术文件,定期对仪器设备进行功能核查,保证其功能运转正常,并留存相应技术和管理记录。

(五)依据标准

指对仪器设备进行检定/校准时,应依据的技术文件。包括以下公开发布的技术文件:

1. 国家计量检定规程及校准规范;
2. 交通运输部部门计量检定规程及校准规范。

(六)计量参数

指除外观质量等目测、手感项目外的,影响仪器设备量值准确性的技术参数。当"依据标准"为计量检定规程时,列出检定规程中首次检定和后续检定的全部项目;当"依据标准"为校准规范时,列出全部校准项目;当无"依据标准"时,则根据水运工程试验检测专业特点并结合其他公开发布的技术文件,列出推荐校准项目。

对仪器设备进行检定时,若设备为首次检定,检定参数为全部项目,若设备为后续检定,检定参数为非下划线项目;对仪器设备进行校准,可根据仪器设备使用场合的实际需要,校准全部或部分必要的计量参数。

(七)建议检定/校准周期

Ⅰ类和Ⅱ-1 类仪器设备中,"依据标准"为计量检定规程的仪器设备,采用计量检定规程中要求的检定周期;"依据标准"为校准规范的仪器设备,校准规范中有建议校准周期的,采用建议的校准周期;无建议校准周期的,根据仪器设备量值溯源的需要给出建议校准周期。

Ⅱ-2类仪器设备,根据仪器设备量值溯源的需要,给出建议的溯源周期。

(八)备注

指附加说明,主要包括的说明类型如下:

1. 对仪器设备的附加说明;

2. 对尚无"依据标准"的设备,给出参考性的技术文件,包括国家及其他部委部门计量检定规程、产品标准和检测规范等;

3. 对Ⅲ类设备给出了维护保养方法或内部校准的建议。

第二章　水运工程试验检测仪器设备检定/校准列表

序号	项目类别	编号	设备名称	管理类别	依据标准	计量参数	建议检定/校准周期	备注
1	一、土（SY0101）	SY01010001	土工筛	Ⅰ	JJF 1175 试验筛校准规范	金属丝编织网试验筛：网孔最大尺寸偏差，网孔平均尺寸偏差和平均丝径，网孔尺寸在最大尺寸 $\omega+X$ 和中间尺寸 $\omega+Z$ 之间的网孔数量；金属穿孔试验筛：筛孔尺寸偏差	1年	
2		SY01010002	烘箱	Ⅰ	JJF 1101 环境试验设备温度、湿度校准规范	温度偏差，温度均匀度，温度波动度	2年	
3		SY01010003	天平	Ⅰ	JJG 98 机械天平 JJG 1036 电子天平	天平的检定标尺分度值及其误差，天平的不等臂性误差，天平的示值重复性，游码标尺、链码标尺误差，机械挂砝码的组合误差；偏载示称量误差，重复性；示值误差	1年	
4		SY01010004	液塑限联合测定仪	Ⅱ-1	JJG（交通）069 土壤液塑限检测仪	圆锥体质量，锥角，盛土杯尺寸，测量时间，测量误差	1年	
5		SY01010005	击实仪	Ⅱ-1	JJG（交通）058 土工击实仪	击实锤体的质量，击实锤底直径，击实锤体的击实落高，击实锤体侧母线与击实筒内壁间隙，计数	1年	
6		SY01010006	应变控制式无侧限抗压强度仪	Ⅰ	JJG 139 拉力、压力和万能试验机	拉伸试验夹持装置的同轴度，示值误差，示值重复性相对误差，零点漂移，零点相对误差，示值进回程相对误差，相对分辨力，位移示值相对误差，噪声，绝缘电阻	1年	

续上表

序号	项目类别	编号	设备名称	管理类别	依据标准	计量参数	建议检定/校准周期	备注
7	一、土(SY0101)	SY01010007	百分表	I	JJG 379 大量程百分表	各部分相互作用,指针和表盘相互位置,指针末端与表盘的刻线宽度,数显表的示值变动性,测量力,测头相对表面粗糙度,径向力对示值的影响,示值误差,回程误差	1年	
8		SY01010008	三轴仪	II-2		周压的示值相对误差,升降板的升降速度,轴向力示值的示值误差,位移测量装置的最小分度值,孔隙压力测量装置示值误差	1年	
9		SY01010009	直剪仪	II-2		垂直荷载允许误差,剪切速率示值误差,剪切荷载允许误差,剪切位移测量装置误差	1年	参考 JJG(地质)1025 直接剪切仪
10		SY01010010	环刀	III	—	内、外直径,高度,壁厚	1年	按参数内部校准
11		SY01010011	灌砂筒	II-1	JJG(交通)120 灌砂仪	灌砂筒尺寸,倒置圆锥形漏斗尺寸,标定罐尺寸	1年	
12		SY01010012	比重瓶	I	JJG 196 常用玻璃量器	应力,密合性,流出时间,容量示值	3年,用于碱溶液的容器1年	
13		SY01010013	密度计	I	JJG 999 称量式数显液体密度计	吊丝直径,安全性能,示值误差,重复性	1年	
14		—	—	—	—	—	—	温度计改为378号

第二章 水运工程试验检测仪器设备检定/校准列表

续上表

序号	项目类别	编号	设备名称	管理类别	依据标准	计量参数	建议检定/校准周期	备注
15	一、土（SY0101）	**SY0101015**	承载比贯入仪	Ⅱ-1	JJG（交通）106 承载比检测仪	测力计相对误差，贯入杆下端面硬度，贯入杆直径，荷载板内直径和外直径，百分表，升降合上升速率，贯入杆下端面直径，荷载板质量	1年	检查各部分螺钉有无松动
16		**SY0101016**	电动脱模器	Ⅲ	—	—	1年	
17		SY0101017	渗透仪	Ⅱ-2	—	水压力显示误差，水压力设定误差，水压力保持误差，可靠性	1年	参考 SL 115 渗透仪校验方法
18		SY0101018	固结仪	Ⅰ	JJF 1311 固结仪校准规范	鉴别力阀，输出力值，百分表位移测量装置，环刀内径，外径，高度，透水板直径	1年	
19		SY0101019	弹簧秤附着力仪	Ⅰ	JJG 455 工作测力仪	回零误差或最大零点方位偏差，分度数相对分辨率，力值计量单位（进程示值，回程示值，滞后），非力值计量单位（分度误差，重复性，滞后），重复性，长期稳定性	1年	
20		SY0101020	休止角测定仪	Ⅲ	—	圆盘直径，刻度杆上主要刻度到底盘距离	1年	按参数内部校准
21	二、集料（SY0102）	**SY0102001**	砂筛	Ⅰ	JJF 1175 试验筛校准规范	金属丝编织网试验筛：网孔最大尺寸偏差，网孔平均尺寸偏差和中间尺寸偏差，网孔尺寸在最大尺寸 $\omega+X$ 和中间尺寸 $\omega+Z$ 之间的网孔数量；金属穿孔试验筛：筛孔尺寸偏差	1年	

续上表

项目类别	序号	编号	设备名称	管理类别	依据标准	计量参数	建议检定/校准周期	备注
	22	SY01020002	石筛	I	JJF 1175 试验筛校准规范	金属丝编织网试验筛：网孔最大尺寸偏差，网孔平均尺寸偏差和平均丝径，网孔尺寸在最大尺寸 ω+X 和中间尺寸 ω+Z 之间的网孔数量；金属穿孔试验筛：筛孔尺寸偏差	1年	
	23	SY01020003	摇筛机	II-2		横向摇动频率，垂直振动频率，振幅，回转半径	1年	
	24	SY01020004	电子秤	I	JJG 539 数字指示秤	置零及除皮装置的准确度，偏载，旋转（吊秤）称量，除皮后的称量，鉴别阀门，鉴别阀，重复性	1年	
	25	SY01010003	天平	I	JJG 98 机械天平 JJG 1036 电子天平	天平的检定标尺分度值及其误差，天平的示值重复性，游码标尺的组合误差，天平等臂性误差，天平示值变动性，砝码标尺称量误差，机械挂砝码的组合误差；偏载误差，重复性，示值误差	1年	
二、集料（SY0102）	26	SY01020005	容量筒	II-2		几何尺寸（内径，净高，底厚，壁厚），形位公差（上口平面度，上口与底面平行度，上口与底面同轴度），容积偏差	1年	参考 SL 127 容量筒校验方法
	27	SY01020006	容量瓶	I	JJG 196 常用玻璃量器	应力，密合性，流出时间，容量示值	3年，用于碱溶液的容器 1年	
	28	SY01010002	烘箱	I	JJF 1101 环境试验设备温度、湿度校准规范	温度偏差，温度均匀度，温度波动度	2年	
	29	SY01020007	滴定设备	I	JJG 196 常用玻璃量器	应力，密合性，流出时间，容量示值	3年，用于碱溶液的容器 1年	本手册中的滴定设备仅限于滴定试验中使用的滴定管

第二章 水运工程试验检测仪器设备检定/校准列表

续上表

序号	项目类别	编号	设备名称	管理类别	依据标准	计量参数	建议检定/校准周期	备注
30		SY01020008	测长仪	Ⅰ	JJG 34 指示表（指针式、数显式）	各部分相互作用，指针与刻度盘的相互位置，指针末端面粗糙度，指针表面和刻线宽度，轴套直径，测头测量面的表面粗糙度，指示表的行程，测量力，重复性，回程误差，测杆径向受力对示值的影响，示值误差，回程误差，示值漂移	1年	
31		SY01020009	碱骨料试验箱	Ⅰ	JJF 1101 环境试验设备温度、湿度校准规范	温度偏差，温度均匀度，温度波动度	2年	
32		SY01020010	水泥胶砂搅拌机	Ⅱ-2		锅转速，叶片转速，搅拌时间，叶片工作部分截面，叶片与锅底间隙，叶片宽度，叶片与锅壁间隙，钢壁厚，锅内径，锅内深度	1年	参考JJG 102（建材）水泥胶砂搅拌机
33	二、集料（SY0102）	SY01020011	压力试验机	Ⅰ	JJG 139 拉力、压力和万能试验机	拉伸试验夹持装置的同轴度，示值相对误差，示值重复性相对误差，示值进回程相对误差，相对分辨力，位移示值相对误差，零点漂移，零点相对误差，噪声，绝缘电阻	1年	
34		SY01020012	针、片状规准仪	Ⅱ-2		针状规准仪立边间距宽，片状规准仪标准孔长度，片状规准仪标准孔宽度，立柱垂直度	1年	
35		SY01020013	压碎指标测定仪	Ⅲ	—	—	1年	
36		SY01020014	浸水天平	Ⅰ	JJG 1036 电子天平	偏载误差，重复性，示值误差	1年	保持表面清洁
37		SY01020015	高温炉	Ⅰ	JJF 1376 箱式电阻炉校准规范	炉温均匀度，炉温稳定度，炉温偏差，炉内最大温差	据实际情况	

续上表

序号	项目类别	编 号	设 备 名 称	管理类别	依 据 标 准	计 量 参 数	建议检定/校准周期	备 注
38	二、集料(SY0102)	SY01020016	比重计	I	JJG 86 标准玻璃浮计	示值误差	一等标准为5年,二等标准为3年	
39		SY01010007	百分表	I	JJG 379 大量程百分表	各部分相互作用,指针和表盘相互位置,指针末端与表盘的刻线宽度,数显表面的示值漂移,测头测量力,示值变动性,表面粗糙度,示值误差,回程误差,测杆受径向力对示值的影响	1年	
40		SY01020017	叶轮搅拌器	II-2		转速,直径	1年	参考 GB/T 14684—2011 建设用砂中人工砂亚甲蓝试验相关规定
41	三、岩石(SY0103)	SY01030001	钻石机	III	—	—		清除岩渣,擦净刀片及水渍,加注润滑油
42		SY01030002	锯石机	III	—	—		清除岩渣,擦净刀片及水渍,加注润滑油
43		SY01030003	磨石机	III	—	—		清除岩渣,擦净刀片及水渍,加注润滑油

第二章 水运工程试验检测仪器设备检定/校准列表

续上表

序号	项目类别	编号	设备名称	管理类别	依据标准	计量参数	建议检定/校准周期	备注
44		**SY01020011**	压力试验机	Ⅰ	JJG 139 拉力、压力和万能试验机	拉伸试验夹持装置的同轴度，零点漂移，零点相对误差，示值相对误差，示值进回程相对误差，相对分辨力，示值重复性相对误差，位移示值相对误差，噪声，绝缘电阻	1年	
45		**SY01030004**	砂轮机	Ⅲ	—	—	1年	清除岩渣，擦净刀片及水渍，加注润滑油
46	三、岩石（SY0103）	**SY01030005**	游标卡尺	Ⅰ	JJG 30 通用卡尺	各部分相互作用，各部分相对位置，标尺标记宽度和量面的表面粗糙度，测量面的平面度，圆弧内内量爪的平行度和平行量本尺寸，测量面的平行度，零值误差，示值变动性，漂移，示值误差和细分误差	1年	
47		**SY01030006**	角尺	Ⅰ	JJG 7 直角尺	测量面和基面及侧面的表面粗糙度，测量面和基面的平面度，侧面的直线度，测量面相对于基面的垂直度，基面间的平行度，线纹钢直尺相对于基面的垂直度，α、β 角测量面相对于基面的垂直度的示值误差	1年	
48		SY01010002	烘箱	Ⅰ	JJF 1101 环境试验设备温度、湿度校准规范	温度偏差，温度均匀度，温度波动度	2年	
49		SY01010003	天平	Ⅰ	JJG 98 机械天平 JJG 1036 电子天平	天平的检定标尺分度值及其误差，天平示值重复性，游码标尺不等臂性误差，天平示值重复误差，砝码标尺称量误差，机械挂钩砝码的组合误差，偏载误差，示值误差	1年	

续上表

序号	项目类别	编号	设备名称	管理类别	依据标准	计量参数	建议检定/校准周期	备注
50	三、岩石(SY0103)	SY01030007	水中称量装置	Ⅲ	—	—		保持表面清洁
51		SY01030008	岩石超声波参数测定仪	Ⅱ-1	JJG(交通)027 水运工程非金属声波检测仪	发射电压幅值稳定度、幅值准确度、空气中声时测量准确度，水介质中声时测量准确度	1年	
52		SY01030009	点荷载试验仪	Ⅰ	JJG 139 拉力、压力和万能试验机	拉伸试验夹持装置的同轴度，示值相对误差，示值重复性相对误差，零点漂移，零点相对误差，示值进回程相对误差，相对分辨力，位移示值相对误差，噪声，绝缘电阻	1年	
53	四、水泥(SY0104)	SY01020010	水泥胶砂搅拌机	Ⅱ-2		锅转速，叶片转速，搅拌时间，叶片工作部分截面，叶片与锅底间隙，叶片与锅壁间隙，锅内径，锅壁厚，锅深度	1年	参考JJG(建材)102 水泥胶砂搅拌机
54		SY01040001	水泥胶砂振实台	Ⅱ-2		振动60次的时间，臂杆、模套和卡具的重量，台盘除试模外的重量	1年	JJG(建材)124 胶砂试体成型振实台
55		SY01040002	水泥净浆搅拌机	Ⅱ-2		搅拌叶片负载转速，控制程序，搅拌程序，搅拌锅深度，搅拌叶片总长、总宽、翅宽、翅厚，搅拌有效长度，搅拌叶片与锅底、锅壁的工作间隙，搅拌叶片自转公转方向	1年	JJG(建材)104 水泥净浆搅拌机
56		SY01010003	天平	Ⅰ	JJG 98 机械天平 JJG 1036 电子天平	天平的检定标尺分度值及其误差，天平的横梁不等臂性称量误差，天平的示值重复性，游码标尺、链码标尺的示值误差，机械挂码砝码的组合误差；偏载误差，重复性，示值误差	1年	

续上表

序号	项目类别	编号	设备名称	管理类别	依据标准	计量参数	建议检定/校准周期	备注
57	四、水泥(SY0104)	SY01010002	烘箱	I	JJF 1101 环境试验设备温度、湿度校准规范	温度偏差,温度均匀度,温度波动度	2年	
58		SY01040003	标准恒温恒湿养护箱	I	JJF 1101 环境试验设备温度、湿度校准规范	温度偏差,温度均匀度,湿度偏差,湿度均匀度,温度波动度,湿度波动度	2年	
59		SY01040004	维卡仪	II-1	JJG(交通)050 水泥净浆标准稠度与凝结时间测定仪	标尺,试杆,初凝针,终凝针,试模,滑动杆+试杆(试针),滑动杆偏摆	1年	
60		SY01040005	雷氏夹膨胀测定仪	II-1	JJG(交通)093 雷氏夹及雷氏夹膨胀值测定仪	雷氏夹膨胀测定仪:标尺刻度相对误差,标尺刻度测量范围和分度值,标尺基线圆弧半径,悬丝直径;雷氏夹:弹性,指针偏摆,模座圆弧半径,环模几何尺寸,环模几何尺寸	雷氏夹膨胀测定仪检定周期1年;雷氏夹检定周期6个月	
61		SY01040006	沸煮箱	II-2		升温时间,自动控制功能,恒温时间	1年	参考JJG(建材)109 水泥安定性试验用沸煮箱
62		SY01040007	水泥胶砂抗压强度试验机	I	JJG 1025 恒定加力速度建筑材料试验机	加力速度,零点漂移,示值相对误差,重复性,零点相对误差,相对分辨力,噪声	1年	
63		SY01040008	水泥胶砂抗折强度试验机	II-1	JJG(交通)048 水泥电动抗折试验机	灵敏度,相对示值允许变动度,加荷速度,加荷臂相对示值允许误差,相对示值允许误差,加荷臂偏心度,支撑臂中心距离,三根臂的平行度,支撑臂与试件端线垂直度	1年	

续上表

项目类别	序号	编号	设备名称	管理类别	依据标准	计量参数	建议检定/校准周期	备注
四、水泥（SY0104）	64	SY01020015	高温炉	I	JJF 1376 箱式电阻炉校准规范	炉温均匀度，炉温稳定度，炉温偏差，炉内最大温差	据实际情况	
	65	SY01040009	胶砂流动度测定仪	II-1	JJG（交通）096 水泥胶砂流动度测定仪	跳动部分总质量，落距，跳动频率和工作周期，桌面直径和刻圆直径，桌面平面度，桌面水平度，试模几何尺寸	1年	
	66	SY01010012	比重瓶	I	JJG 196 常用玻璃量器	应力，密合性，流出时间，容量示值	3年，用于碱溶液的容器1年	
	67	SY01040010	滴定装置	I	JJG 814 自动电位滴定仪	通电检查，电计示值误差，电计输入电流，电计输入阻抗，滴定管容量误差，仪器示值重复性	1年	
	68	SY01040011	火焰光度计	I	JJG 630 火焰光度计	绝缘电阻，稳定性，重复性，线性误差，检测限，滤光片透光特性，响应时间，样品吸喷量	1年	
	69	SY01040012	勃氏比表面积测定仪	II-2		圆筒内径，穿孔板直径，穿孔板孔径，捣器扁平槽宽度，试料层体积	1年	JJG（建材）107 透气法比表面积仪
	70	SY01040013	负压筛析仪（含试验筛）	II-2		标准筛有效内径，筛网到筛口的高度，与筛架配合尺寸；转速，负压调节能力，负压表示值偏差，网孔尺寸，筛网与筛框接缝边部的涂料层宽度，时间控制器	1年	参考 JC/T 728 水泥标准筛及筛析仪
	71	SY01040014	秒表	I	JJG 237 秒表	时间间隔测量误差	1年	

第二章 水运工程试验检测仪器设备检定/校准列表

续上表

序号	项目类别	编号	设备名称	管理类别	依据标准	计量参数	建议检定/校准周期	备注
72	四、水泥(SY0104)	SY01040015	原子吸收光谱仪	Ⅰ	JJG 768 发射光谱仪	发射光谱仪:电磁场泄漏,波长示值误差及重复性,最小光谱宽带,检出限,稳定性,直读光谱仪;重复性,绝缘电阻,波长示值误差及重复性,摄谱仪:绝缘电阻,密光计,谱线质量和分辨力,谱线光密度均匀性,检出限,重复性	2年	
73		SY01040016	分光光度计	Ⅰ	JJG 694 原子吸收分光光度计 JJG 537 荧光分光光度计 JJG 178 紫外可见近红外分光光度计	波长示值误差与重复性,光谱带宽偏差,基线稳定性,边缘能量,检出限,测量带宽重复性,线性误差,表观雾化率,背景校正能力;单色器波长示值误差与重复性,滤光片透光特性,检出极限,重复性,稳定性,噪声重复性,电阻;波长示值误差与重复性,噪声与漂移,光谱带宽,透射比示值误差与重复性,吸收池平直度,电源电压示值的适应性,杂散光,基线平直度,吸收池的配套性	1年	
74		SY01040017	水泥水化热测定装置	Ⅰ	JJF 1101 环境试验设备温度、湿度校准规范	温度示值误差	1年	参考 SL 124 水泥水化热测定仪校验方法
75	五、水泥混凝土、砂浆(SY0105)	SY01050001	混凝土搅拌机	Ⅱ-2		搅拌叶转速(顺时),搅拌筒转速(逆时),搅拌定时,叶片和侧刮板与搅拌筒壁之间的间隙	1年	参考 JJG(建材)124 行星式胶砂搅拌机
76		SY01050002	混凝土试模	Ⅲ	JJF 1307 试模校准规范	工作面的表面粗糙度,工作面的平面度,缝隙,工作面之间的垂直度,基本尺寸偏差		按参数内部校准

— 15 —

续上表

序号	项目类别	编号	设备名称	管理类别	依据标准	计量参数	建议检定/校准周期	备注
77	五、水泥、混凝土、砂浆（SY0105）	SY01050003	振动台	I	JJG 190 电动式振动台	台面漏磁，频率示值误差，加速度幅值的示值误差，位移（或速度）幅值的示值误差，加速度幅值波形失真度，台面加速度幅值均匀度，加速度横向振动比，扫频速率误差，扫频定振频率精度，台面横向振动比，加速度和加速度幅值的示值稳定性，最大位移幅值，最大速度幅值，最大加速度幅值，额定工作特性曲线，活动系统有效质量，共振频率，噪声	1年	
78		SY01050004	标准养护室	I	JJF 1101 环境试验设备温度、湿度校准规范	温度偏差，湿度偏差，温度均匀度，湿度均匀度，温度波动度，湿度波动度	1年	
79		SY01050005	维勃稠度仪	II-2		金属圆筒内径，金属圆筒高度，振动频率，空载振幅	1年	参考 JG/T 250 维勃稠度仪
80		SY01050006	贯入阻力仪	II-1	JJG（交通）095 混凝土贯入阻力仪	贯入测针，试样筒，测力系统量程和分度值，测力系统示值误差，测力系统重复误差，测力系统回零误差，加荷装置，安全性能	1年	参考 JC/T 727 水泥净浆标准稠度与凝结时间测定仪
81		SY01050007	坍落度仪	II-2		尺寸，表面粗糙度，平面度，平行度，垂直度，同轴度，捣棒直径	1年	参考 JC/T 248 混凝土坍落度筒
82		SY01050008	含气量测定仪	II-1	JJG（交通）094 水泥混凝土拌合物含气量测定仪	指示器，量体容积，气密性	1年	

第二章 水运工程试验检测仪器设备检定/校准列表

续上表

序号	项目类别	编号	设备名称	管理类别	依据标准	计量参数	建议检定/校准周期	备注
83	五、水泥、混凝土、砂浆（SY0105）	SY01020005	容量筒	II-2		几何尺寸（内径、净高、底厚、壁厚），形位公差（上口平面度，上口与底面平行度，上口与底面同轴度），容积偏差	1年	参考SL 127容量筒校验方法
84		SY01050009	泌水率筒	I		应力，密合性，流出时间，容量示值	3年，用于碱溶液的容器1年	
85		SY01020011	压力试验机	I	JJG 139 拉力、压力和万能试验机	拉伸试验夹持装置的同轴度，零点漂移，示值相对误差，示值进回程相对误差，相对分辨力，位移示值相对误差，噪声，绝缘电阻	1年	
86		SY01050010	混凝土抗折试验机	II-1	JJG（交通）048 电动抗折试验机	灵敏度，相对示值允许误差，加荷臂偏心度，两根支撑臂中心距离，加荷速度，加荷臂的平行度，支撑臂与试件垂直度	1年	
87		SY01050011	混凝土弹性模量测定装置	I	JJG 34 指示表（指针式、数显式）	各部件相互作用，指针与刻度盘的相对位置，测微螺杆测量面宽度，指针与刻度盘的相对位置，刻线宽度及宽度差，指针和刻线盘的行程，测头直径，测量力，重复性，回程误差，示值误差	1年	
88		SY01050012	千分表	I	JJG 21 千分尺	各部件相互作用，测微螺杆的轴向串动和径向摆动，测微螺杆测量面的相对偏移，测力，刻线宽度及宽度差，指针与刻线盘的相对位置，微分筒锥面与固定套管边棱的平面度，测量面到固定套管毫米刻线的相对位置，数显外径千分尺任意位置数值漂移，数显外径千分尺的平行度，示值误差，数显外径千分尺细分误差，校对用量杆	1年	参考JIS A1149 混凝土的静态弹性模量测试方法

— 17 —

续上表

序号	编号	项目类别	设备名称	管理类别	依据标准	计量参数	建议检定/校准周期	备注
89	SY01050013	五、水泥、混凝土、砂浆（SY0105）	混凝土与钢筋握裹力试验装置	Ⅲ	—	各部件尺寸		按参数内部校准
90	SY01050014		抗渗仪	Ⅱ-2		试模尺寸，水压力显示误差，水压力设定误差，水压力保持误差，时间	1年	参考 JG/T 249 混凝土抗渗仪
91	SY01050015		阳极极化仪	Ⅱ-2		电位测量的示值误差，分辨力，电位的示值误差，稳定性，调节阀的示值误差，电气安全性能	1年	参考 JTJ 270—1998 水运工程混凝土试验规程
92	SY01050016		铜-硫酸铜电极	Ⅲ	—	—		清洗溶液充满，保持干燥
93	SY01010002		烘箱	Ⅰ	JJF 1101 环境试验设备温度、湿度校准规范	温度偏差，温度均匀度，温度波动度	2年	
94	SY01020004		电子秤	Ⅰ	JJG 539 数字指示秤	置零及除皮装置的准确度，偏载，鉴别阀门，鉴别力，称量，除皮后的称量，重复性，鉴别阀门	1年	
95	SY01010003		天平	Ⅰ	JJG 98 机械天平 JJG 1036 电子天平	天平的检定标尺分度值及其误差，天平不等臂性误差，天平的示值重复性，游码标尺、机械挂码砝码标尺误差，偏载称量误差，重复性，示值误差；砝码标尺分度值及其误差，砝码标尺组合误差	1年	
96	SY01020007		滴定设备	Ⅰ	JJG 196 常用玻璃量器	应力，密合性，流出时间，容量示值	3年，用于碱溶液容器的1年	本手册中的滴定设备仪限于试验中使用的滴定管

第二章　水运工程试验检测仪器设备检定/校准列表

续上表

序号	项目类别	编号	设备名称	管理类别	依据标准	计量参数	建议检定/校准周期	备注
97	五、水泥混凝土、砂浆（SY0105）	SY01050017	混凝土拌合物氯离子测定装置	Ⅱ-2		电压测量示值误差	1年	氯离子含量快速测定仪（公路工程在编）
98		SY01050018	直流稳压电源	Ⅱ-2		输出电位示值误差	1年	参考JTJ 275—2000海港工程混凝土结构防腐蚀技术规范
99		SY01050019	电流表	Ⅰ	JJG 124 电流表、电压表、功率表及电阻表	基本误差,升降变差,偏离零位,位置影响,功率因数影响,阻尼,绝缘电阻测量,介电强度试验	准确度等级小于等于0.5的1年,其余仪表2年	
100		SY01050020	真空泵	Ⅲ	—	—		按说明书维护
101		SY01050021	电通量试验装置	Ⅲ	—	试模尺寸,试验槽尺寸		按参数内部校准
102		SY01050022	电迁移法试验装置	Ⅲ	—	试模尺寸,试验槽尺寸		按参数内部校准
103		SY01050023	砂浆稠度仪	Ⅱ-2		滑动部分质量,压头,指示装置,附件几何量,恒温水浴,塑限测定仪时间,塑限测定仪垂直度	1年	参考JGJ/T 70建筑砂浆基本性能试验方法标准

续上表

序号	项目类别	编号	设备名称	管理类别	依据标准	计量参数	建议检定/校准周期	备注
104	五、水泥、混凝土、砂浆（SY0105）	SY01050024	砂浆搅拌机	Ⅱ-2		叶片和刮浆板与搅拌筒壁之间的间隙，转速	1年	参考JG 244混凝土试验用搅拌机
105		SY01050025	砂浆试模	Ⅲ	JJF 1307 试模校准规范	工作面的表面粗糙度，工作面的平面度，缝隙，工作面之间的垂直度，基本尺寸偏差		按参数内部校准
106		SY01050026	圆环试模	Ⅲ	JJF 1307 试模校准规范	工作面的表面粗糙度，工作面的平面度，缝隙，工作面之间的垂直度，基本尺寸偏差		按参数内部校准
107		SY01050027	砂浆凝结时间测定仪	Ⅱ-2		滑动杆直径，试杆有效长度，直径，试锥角，试锥高，锥模角高度，工作高度，滑动杆，试针直径，锥粗糙度，初凝附件试针头针与试针的距离，终凝附件试针直径、长度，环形附件试针平面与试针头针头的同轴度，内径、下口内径，高度，试锥，试针，试针的同轴度，滑动部分总质量，标尺刻度范围，分度值	1年	参考JC/T 727水泥净浆标准稠度与凝结时间测定仪
108		SY01050028	压力表	Ⅰ	JJG 52 弹性元件式一般压力表、压力真空表和真空表 JJG 49 弹性元件式精密压力表和真空表	零位误差，示值误差，回程误差，轻敲位移，指针偏转平稳性，电接点压力表的绝缘电阻，电接点压力表设定点偏差和切换值，强度，带检验指针压力表两指针压力表示值之差，双针双管压力表两指针不连通误差，双针双管或双针单管压力表示值校准，双针双管氧气压力表禁油要求，零位误差，示值误差，回程误差，轻敲位移，指针偏转平稳性	一般压力表：1年；精密压力表：6个月	
109		SY01050029	钢直尺	Ⅰ	JJG 1 钢直尺	尺面平面度，弹性，尺的端边，侧边的直线度，侧边与端边相交处圆弧半径，线纹宽度及宽度差，示值误差，尺的端边，侧边厚度，端边与侧边相交尺的端边，侧边厚度，示值误差	1年	

第二章 水运工程试验检测仪器设备检定/校准列表

续上表

序号	项目类别	编号	设备名称	管理类别	依据标准	计量参数	建议检定/校准周期	备注
110		SY01040014	秒表	I	JJG 237 秒表	时间间隔测量误差	1年	
111		SY01050030	调速搅拌机	II-2		锅转速，叶片转速，搅拌时间，叶片工作部分截面，叶片底与锅底间隙，叶片与锅壁间隙，锅转动方向，锅内径，锅壁厚，锅深度	1年	参考 JJG（建材）102 水泥胶砂搅拌机
112	五、水泥混凝土、砂浆（SY0105）	SY01050031	流动度测定仪	II-1	JJG（交通）096 水泥胶砂流动度测定仪	跳动部分总质量，落距，跳动频率和工作周期，桌面直径和刻圆直径，桌面平面度，桌面水平度，试模几何尺寸	1年	
113		SY01050032	膨胀率试验仪	I	JJG 34 指示表（指针式、数显式）	各部分相互作用，指针与刻度盘的相互位置，指针末端宽度和刻线宽度，轴套直径，测头垂直度，表面粗糙度，指示表的行程，测量力，重复性，测头测量面的径向受力对示值的影响，示值误差，回程误差，示值漂移	1年	
114		SY01020010	水泥胶砂搅拌机	II-2		锅转速，叶片转速，搅拌时间，叶片工作部分截面，叶片底与锅底间隙，叶片与锅壁间隙，锅转动方向，锅内径，锅壁厚，锅深度	1年	参考 JJG（建材）102 水泥胶砂搅拌机
115		SY01050033	砂浆收缩仪	I	JJG 34 指示表（指针式、数显式）	各部分相互作用，指针与刻度盘的相互位置，指针末端宽度和刻线宽度，轴套直径，测头垂直度，表面粗糙度，指示表的行程，测量力，重复性，测头测量面的径向受力对示值的影响，示值误差，回程误差，示值漂移	1年	

— 21 —

续上表

序号	项目类别	编号	设备名称	管理类别	依据标准	计量参数	建议检定/校准周期	备注
116	五、水泥混凝土、砂浆（SY0105）	SY01050034	砂浆渗透仪	II-2		试模尺寸，水压力显示误差，水压力设定误差，水压力保持误差，时间	1年	参考JG/T 249混凝土抗渗仪
117		SY01050035	抗渗试模	III	JJF 1307 试模校准规范	工作面的表面粗糙度，工作面的平面度、缝隙，工作面之间的垂直度，基本尺寸偏差	1年	按参数内部校准
118		SY01050036	冻融设备	I	JJF 1101 环境试验设备温度、湿度校准规范	温度偏差，温度均匀度，温度波动度	2年	
119		SY01050037	动弹性模量测定仪	II-2		频率测量范围，最大运行功率，重复性，谐振频率准确度	1年	
120		SY01050038	拉力试验机	I	JJG 139 拉力、压力和万能试验机	拉伸试验夹持装置的同轴度，示值相对误差，示值重复性，零点相对误差，相对分辨力，位移示值相对误差，噪声，绝缘电阻	1年	原编号错误，更改为SY01050038
121	六、水（SY0106）	SY01060002	酸度计	I	JJG 119 实验室pH（酸度）计	电极检查，电计示值误差，电计输入电流，电计输入阻抗，温度补偿器，电计示值重复性，仪器示值重复性	1年	
122		SY01010003	天平	I	JJG 98 机械天平 JJG 1036 电子天平	天平的检定标尺分度值及其误差，天平的横梁不等臂性误差，天平示值重复性，游码标尺、砝码标尺示值误差，机械挂砝码的组合误差；偏载误差，重复性，示值误差	1年	

续上表

序号	项目类别	编号	设备名称	管理类别	依据标准	计量参数	建议检定/校准周期	备注
123	六、水 (SY0106)	SY01020007	滴定设备	I	JJG 196 常用玻璃量器	应力，密合性，流出时间，容量示值	3 年，用于碱溶液的容器 1 年	本手册中的滴定装置仪限于滴定试验中使用的滴定管
124		SY01020015	高温炉	I	JJF 1376 箱式电阻炉校准规范	炉温均匀度，炉温稳定度，炉温偏差，炉内最大温差	1 年	据实际情况
125		SY01060003	全玻璃微孔滤膜过滤器	Ⅲ	—	—		清洁
126		SY01010002	烘箱	I	JJF 1101 环境试验设备温度、湿度校准规范	温度偏差，温度均匀度，温度波动度	2 年	
127		SY01040011	火焰光度计	I	JJG 630 火焰光度计	绝缘电阻，稳定性，重复性，线性误差，检测限，滤光片透光特性，响应时间，样品吸喷量	1 年	
128		SY01060004	铂皿	Ⅲ	—	—		清洁
129		SY01040004	维卡仪	Ⅱ-1	JJG（交通）050 水泥净浆标准稠度与凝结时间测定仪	标尺，试杆，初凝针，终凝针，试模，滑动杆+试杆（试针），滑动杆偏摆	1 年	
130		SY01040008	水泥胶砂抗折强度机	Ⅱ-1	JJG（交通）049 水泥电动抗折试验机	灵敏度，加力速度，相对示值允许误差变动度，加荷臂加荷中心偏心距离，三根臂的平行度，支撑臂与试件支撑端垂直度	1 年	
131		SY01040007	水泥胶砂抗压强度试验机	I	JJG 1025 恒定加力速度建筑材料试验机	加力速度，示值相对误差，重复性，零点漂移，示值相对误差，重复性，零点分辨力，噪声	1 年	

续上表

序号	项目类别	编号	设备名称	管理类别	依据标准	计量参数	建议检定/校准周期	备注
132		SY01050001	混凝土搅拌机	II-2		搅拌叶转速（顺时），搅拌筒转速（逆时），搅拌定时，叶片和侧刮板与搅拌筒壁之间的间隙	1年	参考JJG（建材）124行星式胶砂搅拌机
133		SY01050003	标准振动台	I	JJG 190 电动式振动台	台面漏磁，频率示值误差，加速度幅值的示值误差，位移（或速度）幅值的示值误差，加速度幅值信噪比，加速度波形失真度，台面加速度均匀度，台面横向振动比，扫频速率误差，扫频定振幅精度，频率和加速度幅值的示值稳定性，最大加速度幅值，最大速度幅值，最大位移幅值，额定工作特性曲线，活动系统有效质量，共振频率，噪声	1年	
134	七、外加剂（SY0107）	SY01050004	标准养护室	I	JJF 1101 环境试验设备温度、湿度校准规范	温度偏差，湿度偏差，温度均匀度，湿度均匀度，温度波动度，湿度波动度	1年	
135		SY01050006	贯入阻力仪	II-1	JJG（交通）095 混凝土贯入阻力仪	贯入测针，试样筒，测力系统量程和分度值，测力系统示值误差，测力系统重复示值误差，加荷装置，安全性能	1年	参考JC/T 727 水泥净浆标准稠度与凝结时间测定仪
136		SY01050007	坍落仪	II-2		尺寸，表面粗糙度，平面度，平行度，垂直度，同轴度，捣棒直径	1年	参考JC/T 248 混凝土坍落度筒
137		SY01050008	含气量测定仪	II-1	JJG（交通）094 水泥混凝土拌合物含气量测定仪	指示器，量体容积，气密性	1年	

— 24 —

第二章 水运工程试验检测仪器设备检定/校准列表

续上表

序号	项目类别	编号	设备名称	管理类别	依据标准	计量参数	建议检定/校准周期	备注
138	七、外加剂（SY0107）	SY01020005	容量筒	Ⅱ-2		几何尺寸（内径、净高、底厚、壁厚），形位公差（上口平面度，上口与底面平行度，上口与底面同轴度），容积偏差	1年	参考SL 127 容量筒校验方法
139		SY01050009	泌水率筒	Ⅰ	JJG 196 常用玻璃量器	应力，密合性，流出时间，容量示值	3年，用于碱溶液的容器1年	
140		SY01070001	压力泌水仪	Ⅰ	JJG 49 弹性元件式精密压力表和真空管表	零位误差，示值误差，回程误差，轻敲位移，偏转平稳性	1年	
141		SY01040004	维卡仪	Ⅱ-1	JJG（交通）050 水泥净浆标准稠度与凝结时间测定仪	标尺，试杆，初凝针，终凝针，试模，滑动杆+试杆（试针），滑动杆偏摆	1年	
142		SY01040005	雷氏夹膨胀值测定仪	Ⅱ-1	JJG（交通）093 雷氏夹及雷氏夹膨胀值测定仪	雷氏夹膨胀测定仪：标尺测量范围和分度值，标尺刻度相对误差，标尺基线圆弧半径，模座圆弧半径，悬丝直径；雷氏夹：弹性，砝码质量，指针几何尺寸，环模几何尺寸	雷氏夹膨胀测定仪检定周期1年；雷氏夹检定周期6个月	
143		SY01040006	沸煮箱	Ⅱ-2		升温时间，自动控制功能，恒温时间	1年	参考JC/T 955 水泥安定性试验用沸煮箱
144		SY01040014	秒表	Ⅰ	JJG 237 秒表	时间间隔测量误差	1年	

续上表

序号	项目类别	编号	设备名称	管理类别	依据标准	计量参数	建议检定/校准周期	备注
145	七、外加剂(SY0107)	SY01070002	试验筛	I	JJF 1175 试验筛校准规范	金属丝编织网试验筛:网孔最大尺寸偏差,网孔平均尺寸偏差,网孔平均丝径,网孔最大尺寸ω+X和中间尺寸ω+Z之间的网孔数量;金属穿孔试验筛:筛孔尺寸偏差	1年	
146		SY01020011	压力试验机	I	JJG 139 拉力、压力和万能试验机	拉伸试验夹持装置的同轴度,零点漂移,零点相对误差,示值相对误差,示值重复性相对误差,相对分辨力,位移示值相对误差,进回程回程相对误差,噪声,绝缘电阻	1年	
147		SY01020008	测长仪	I	JJG 34 指示表(指针式、数显式)	各部分相互作用,指针与刻度盘的相互位置,指针末端宽度,指示表的刻线宽度,轴套直径,测头表面粗糙度,指示表的行程,测量力,重复性,测力方向受力对示值的影响,示值误差,回程误差,示值漂移	1年	
148		SY01050014	混凝土抗渗仪	II-2		试模尺寸,水压力显示误差,水压力设定误差,水压力保持误差,时间	1年	参考 JG/T 249 混凝土抗渗仪
149		SY01050034	砂浆抗渗仪	II-2		试模尺寸,水压力显示误差,水压力设定误差,水压力保持误差,时间	1年	参考 JG/T 249 混凝土抗渗仪
150		SY01050015	阳极极化仪	II-2		电位测量的示值误差,分辨力,稳定性,输出电位的示值误差,稳定性,调节细度,输出电流示值误差,电气安全性能	1年	

第二章 水运工程试验检测仪器设备检定/校准列表

续上表

序号	项目类别	编号	设备名称	管理类别	依据标准	计量参数	建议检定/校准周期	备注
151	七、外加剂（SY0107）	SY01050016	铜-硫酸铜电极	Ⅲ	—	—		清洗溶液充满，保持干燥
152		SY01010002	烘箱	Ⅰ	JJF 1101 环境试验设备温度、湿度校准规范	温度偏差，温度均匀度，温度波动度	2年	
153		SY01010003	天平	Ⅰ	JJG 98 机械天平 JJG 1036 电子天平	天平的检定标尺分度值及其误差，天平不等臂性误差，天平示值重复性，游码标尺，链码标尺挂砝码的组合误差；偏载误差，重复性，示值误差	1年	
154		SY01020004	电子秤	Ⅰ	JJG 539 数字指示秤	置零及除皮装置的准确度，偏载，鉴别阀门，称量，除皮后的称量，鉴别阀	1年	
155		SY01070003	混凝土收缩仪	Ⅰ	JJG 34 指示表（指针式、数显式）	各部分相互作用，指针与刻度盘的相互位置，指针末端宽度和刻线宽度，轴套直径，测杆表面粗糙度，指示表的行程，测量力，重复性，测头测量面的径向受力对示值的影响，示值误差，回程误差，示值漂移	1年	
156		SY01070004	接触法引伸仪	Ⅰ	JJG 762 引伸计	标距相对误差，分辨力，示值误差，示值进回程相对误差	1年	
157		SY01050029	钢直尺	Ⅰ	JJG 1 钢直尺	尺面平面度，弹性，尺的端边、侧边的端边垂直度，侧边的直线度，尺的端边与侧边、侧边与侧边相交处圆弧半径，线纹宽度及相差，示值误差	1年	

续上表

序号	项目类别	编号	设备名称	管理类别	依据标准	计量参数	建议检定/校准周期	备注
158		SY01070005	钢筋锈蚀测量仪	II-1	JJF 1341 钢筋锈蚀测量仪校准规范	电位测量的示值误差，分辨力，稳定性，输出电位的示值误差，稳定性，调节细度，输出电流示值误差，电气安全性能	1年	
159		SY01070006	饱和甘汞参比电极	III	—	—		清洁
160		SY01070007	膨胀剂限制膨胀率测定仪	I	JJG 34 指示表（指针式、数显式）	各部分相互作用，指针与刻度盘的相互位置，指针末端宽度和刻线宽度，轴套直径，测头宽度，测量面的表面粗糙度，指示表的行程，测量力，重复性，测量面的平行度，径向受力对示值的影响，示值误差，回程误差，示值漂移	1年	
161	七、外加剂（SY0107）	SY01050012	千分表	I	JJG 21 千分尺	各部件相互作用，测微螺杆的轴向串动和径向摆动，测砧与测微螺杆测量面的相对位置，测力，微分筒锥面的端面与固定套管端面的相对位置，数显外径千分尺任意位置时数值重复性，测量面的平面度，测量面的平行度，数显外径千分尺位置示值漂移，两测量面的平行度，示值误差，数显外径千分尺细分误差，校对用量杆	1年	
162		SY01070008	电解池试验装置	III	—	辅助电极尺寸		参考 JTS 153—2015 水运工程结构耐久性设计标准(P74)

续上表

序号	项目类别	编号	设备名称	管理类别	依据标准	计量参数	建议检定/校准周期	备注
163	七、外加剂(SY0107)	SY01020010	水泥胶砂搅拌机	II-2		锅转速,叶片转速,搅拌时间,叶片工作部分截面,叶片与锅底间隙,叶片宽度,叶片与锅壁间隙,锅转动方向,叶片厚度,锅壁厚,锅内径,锅深度	1年	参考JJG(建材)102水泥胶砂搅拌机
164		SY01040001	水泥胶砂振实台	II-2		振动60次的时间,臂杆,模套和卡具的质量,台盘除试模外的重量	1年	JJG(建材)124胶砂试体成型振实台
165		SY01050023	砂浆稠度测定仪	II-2		滑动部分质量,压头,指示装置,附件几何量,恒温水浴,塑限测定仪示值,塑限测定仪垂直度	1年	参考JGJ/T 70建筑砂浆基本性能试验方法标准
166		SY01060002	酸度计	I	JJG 119 实验室pH(酸度)计	电极检查,电计示值误差,电计输入电流,电计输入阻抗,温度补偿器,电计示值重复性,仪器示值误差	1年	
167		SY01020016	比重计	I	JJG 86 标准玻璃浮计	示值误差	一等标准为5年,二等标准为3年	
168		SY01020015	高温炉	I	JJF 1376 箱式电阻炉校准规范	炉温均匀度,炉温稳定度,炉温偏差,炉内最大温差	据实际情况	
169		SY01040011	火焰光度计	I	JJG 630 火焰光度计	绝缘电阻,稳定性,重复性,线性误差,检测限,滤光片透光特性,响应时间,样品吸喷量	1年	

续上表

序号	项目类别	编号	设备名称	管理类别	依据标准	计量参数	建议检定/校准周期	备注
170	七、外加剂（SY0107）	SY01070009	砂浆扩展度筒	Ⅲ	—	壁厚，上口内径，下口内径，高度，捣棒直径和长度		参考GB/T 50119—2013 混凝土外加剂应用技术规范
171		SY01040002	水泥净浆搅拌机	Ⅱ-2	—	搅拌叶片负载转速，控制程序，搅拌锅深度，内径、壁厚度，搅拌叶片总长、总宽、翅厚，搅拌有效长度，搅拌叶片与锅底、锅壁的工作间隙，搅拌叶片自转公转方向	1年	参考JJG（建材）104 水泥净浆搅拌机
172		SY01020007	滴定设备	Ⅰ	JJG 196 常用玻璃量器	应力，密合性，流出时间，容量示值	3年，用于碱溶液的容器1年	本手册中的滴定装置仅限于试验使用中的滴定管
173		SY01040013	负压筛析仪	Ⅱ-2	—	标准筛有效内径，筛网到筛口的高度，与筛架配合尺寸，筛网与筛框接缝边部的涂料宽度，网孔尺寸；转速，负压调节能力，负压表示值偏差，时间控制器	1年	参考JC/T 728 水泥标准筛及筛析仪
174	八、掺和料（SY0108）	SY01010002	烘箱	Ⅰ	JJF 1101 环境试验设备温度、湿度校准规范	温度偏差，温度均匀度，温度波动度	2年	
175		SY01020015	高温炉	Ⅰ	JJF 1376 箱式电阻炉校准规范	炉温均匀度，炉温稳定度，炉温偏差，炉内最大温差	据实际情况	

续上表

序号	项目类别	编号	设备名称	管理类别	依据标准	计量参数	建议检定/校准周期	备注
176		SY01010003	天平	I	JJG 98 机械天平 JJG 1036 电子天平	天平的检定标尺分度值及其误差,天平的横梁不等臂性称量误差,天平的示值重复性,游标标尺、链码标尺称量误差,机械挂码的组合误差、偏载误差,重复性,示值误差	1年	
177		SY01030005	游标卡尺	I	JJG 30 通用卡尺	各部分相互作用,各部分相对位置,标尺标记的宽度和宽度差,测量面的表面粗糙度,测量面的平面度,圆弧的平行度,刀口内量爪的平行度,基本尺寸和平行度,示值变动性,漂移,示值误差,零值误差,示值误差细分误差	1年	
178	八、掺和料 (SY0108)	SY01020010	水泥胶砂搅拌机	II-2		锅转速,叶片转速,搅拌时间,叶片宽度,叶片工作部分截面,叶片与锅底间隙,叶片与锅壁间隙,锅转动方向,壁厚,锅内径,锅深度	1年	参考 JJG(建材)102 水泥胶砂搅拌机
179		SY01040002	水泥净浆搅拌机	II-2		搅拌叶片负载转速,控制程序,搅拌叶片总长,搅拌叶片总宽、翅宽,锅宽、壁厚,搅拌叶片有效长度,搅拌叶片与锅底、锅壁的工作间隙,搅拌叶片自转公转方向	1年	参考 JJG(建材)104 水泥净浆搅拌机
180		SY01040001	水泥胶砂振实台	II-2		振动60次的时间,臂杆、模套和卡具的质量,盘除试模外的重量	1年	JJG(建材)124 胶砂试体成型振实台

续上表

序号	项目类别	编号	设备名称	管理类别	依据标准	计量参数	建议检定/校准周期	备注
181	八、掺和料（SY0108）	SY01040006	沸煮箱	Ⅱ-2		升温时间,自动控制功能,恒温时间	1年	参考JC/T 955水泥安定性试验用沸煮箱
182		SY01020007	滴定设备	Ⅰ	JJG 196常用玻璃量器	应力,密合性,流出时间,容量示值	3年,用于碱溶液的容器1年	本手册中的滴定装置仅限于滴定试验中使用的滴定管
183		SY01010012	比重瓶	Ⅰ	JJG 196常用玻璃量器	应力,密合性,流出时间,容量示值	3年,用于碱溶液的容器1年	
184		SY01040009	胶砂流动度测定仪	Ⅱ-1	JJG(交通)096水泥胶砂流动度测定仪	跳动部分总质量,落距,跳动频率和工作周期,桌面直径和刻圆直径,桌面平面度,试模几何尺寸	1年	
185		SY01020011	压力试验机	Ⅰ	JJG 139拉力、压力和万能试验机	拉伸试验夹持装置的同轴度,零点漂移,零点相对误差,示值相对误差,示值进回程相对误差,相对分辨力,位移示值相对误差,噪声,绝缘电阻	1年	
186		SY01040012	勃氏比表面积测定仪	Ⅱ-2		圆筒内径,穿孔板直径,穿孔板孔径,捣器扁平槽宽度,试料层体积,标准时间	1年	JJG(建材)107透气法比表面积仪

第二章 水运工程试验检测仪器设备检定/校准列表

续上表

序号	项目类别	编 号	设 备 名 称	管理类别	依 据 标 准	计 量 参 数	建议检定/校准周期	备 注
187	八、掺和料（SY0108）	SY01080001	铂坩埚	Ⅲ	—	—	1年	清洁
188		SY01040011	火焰光度计	Ⅰ	JJG 630 火焰光度计	绝缘电阻，稳定性，重复性，线性误差，检测限，滤光片透光特性，响应时间，样品吸喷量	1年	
189		SY01080002	游离氧化钙测定仪	Ⅱ-2		示值误差	1年	参考 GB/T 176—2008 水泥化学分析方法
190		SY01040004	维卡仪	Ⅱ-1	JJG（交通）050 水泥净浆标准稠度与凝结时间测定仪	标尺，试杆，初凝针，终凝针，试模，滑动杆+试杆（试针），滑动杆偏摆	1年	
191		SY01040005	雷氏夹膨胀测定仪	Ⅱ-1	JJG（交通）093 雷氏夹及雷氏夹膨胀值测定仪	雷氏夹膨胀测定仪：标尺测量范围和分度值，标尺刻度相对误差，标尺基线圆弧半径，砝码质量，模座圆弧半径，悬丝直径；雷氏夹：弹性，指针几何尺寸，环模几何尺寸	雷氏夹膨胀测定仪检定周期1年；雷氏夹检定周期6个月	
192		SY01040003	标准恒温恒湿养护箱	Ⅰ	JJF 1101 环境试验设备温度、湿度校准规范	温度偏差，温度均匀度，温度波动度，湿度偏差，湿度均匀度，湿度波动度	2年	
193		SY01090001	路面材料强度仪	Ⅰ	JJG 139 拉力、压力和万能试验机	拉伸试验夹持装置的同轴度，零点漂移，零点相对误差，示值相对误差，示值进回程相对误差，相对分辨力，位移示值相对误差，噪声，绝缘电阻	1年	
194	九、无机结合料稳定材料（SY0109）	SY01020003	摇筛机	Ⅱ-2		横向摇动频率，垂直振动频率，振幅，回转半径	1年	

续上表

序号	项目类别	编号	设备名称	管理类别	依据标准	计量参数	建议检定/校准周期	备注
195		SY01020007	滴定设备	I	JJG 196 常用玻璃量器	应力,密合性,流出时间,容量示值	3年,用于碱溶液的容器1年	本手册中的滴定装置仅限于滴定试验中使用的滴定管
196	九、无机结合料稳定材料（SY0109）	SY01090002	集料筛	I	JJF 1175 试验筛校准规范	金属丝编织网试验筛:网孔平均尺寸偏差和平均丝径,网孔尺寸ω+X和中间尺寸ω之间网孔数量;金属穿孔试验筛:筛孔ω+Z之间网孔数量偏差	1年	
197		SY01010003	天平	I	JJG 98 机械天平 JJG 1036 电子天平	天平的检定标尺分度值及其误差,天平不等臂性误差,天平的示值重复性,游码标尺码标尺称量误差,机械挂砝码的组合误差偏载误差,重复性,示值误差	1年	
198		SY01010002	烘箱	I	JJF 1101 环境试验设备温度、湿度校准规范	温度偏差,温度均匀度,温度波动度	2年	
199		SY01010005	击实仪	II-1	JJG(交通)058 土工击实仪	击实锤体的质量,击实锤底直径,击实锤落高,击实锤体侧母线与击实筒内壁间隙,计数	1年	
200		SY01090003	灌砂法装置	III	—	圆锥体内砂的质量,标准砂的松方密度		按参数内部校准
201		SY01010016	电动脱模器	III	—	—		检查各部分螺钉有无松动

第二章 水运工程试验检测仪器设备检定/校准列表

续上表

序号	项目类别	设备名称	编号	管理类别	依据标准	计量参数	建议检定/校准周期	备注
202	九、无机结合料稳定材料（SY0109）	生石灰浆渣测定仪	SY01090004	III	—	—		清洁
203		直读式测钙仪	SY01090005	II-2	—	电压示值误差，标准氧化钙溶液比对	1年	
204	十、沥青（SY0110）	软化点仪	SY01100001	II-1	JJG（交通）057 沥青软化点仪	肩环几何尺寸，支撑架与下支撑板距离，钢球几何尺寸，钢球密度，钢球计示值量与导向定位架几何尺寸，温度计示值误差，升温速率，浴槽容积	1年	
205		延度仪	SY01100002	II-1	JJG（交通）023 沥青延度仪	延度计主机，示值刻线刻字和显示字和清零，拉伸装置移动和摆动量，拉伸装置拉伸速度，示值保持时间，水温槽内水流动及渗漏，水温保持及保持时间，水槽内试模位置；试模及底板：表面粗糙度	1年	
206		针入度仪	SY01100003	II-1	JJG（交通）067 道路石油沥青针入度试验仪	示值装置，标准针及针连杆装置表面粗糙度，标准针、针连杆和附加砝码质量，标准针保持针体，标准针体的外形尺寸，针连杆与针体的截端面与锥体轴线垂直度，针体截端面与锥体轴线的同轴度，针偏离中心值，时控器装置，温控器装置	1年	
207		烘箱	SY01010002	I	JJF 1101 环境试验设备温度、湿度校准规范	温度偏差，温度均匀度，温度波动度	2年	
208		恒温水槽	SY01100004	I	JJF 1030 恒温槽技术性能校准规范	稳定性，均匀性，工作区域最大温差，均匀性的上水平面温差、下水平面温差	1年	
209	十一、修补加固材料（SY0111）	拉力试验机	SY01050038	I	JJG 139 拉力、压力和万能试验机	拉伸试验支持装置的同轴度，示值相对误差，示值重复性相对误差，零点漂移，零点相对误差，示值进回程相对误差，相对分辨力，位移示值相对误差，噪声，绝缘电阻	1年	原编号错误，更改为SY01050038

续上表

序号	项目类别	编号	设备名称	管理类别	依据标准	计量参数	建议检定/校准周期	备注
210		SY01020011	压力试验机	Ⅰ	JJG 139 拉力、压力和万能试验机	拉伸试验夹持装置的同轴度，零点漂移，零点相对误差，示值相对误差，相对分辨力，位移示值示值进回程相对误差，相对分辨力，位移示值相对误差，噪声，绝缘电阻	1年	
211		SY01110001	恒温恒湿箱	Ⅰ	JJF 1101 环境试验设备温度、湿度校准规范	温度偏差，温度均匀度，温度波动度，湿度偏差，湿度均匀度，湿度波动度	2年	
212		SY01050007	坍落仪	Ⅱ-2		尺寸，表面粗糙度，平面度，平行度，垂直度，同轴度，捣棒直径	1年	参考JG/T 248 混凝土坍落度筒
213		SY01040014	秒表	Ⅰ	JJG 237 秒表	时间间隔测量误差	1年	
214	十一、修补加固材料（SY0111）	SY01050029	钢直尺	Ⅰ	JJG 1 钢直尺	尺面平面度，弹性，尺的端边，侧边的直线度，尺的端边、侧边与侧边垂直度，侧边厚度，端边与侧边相交处圆弧半径，线纹宽度及宽度差，示值误差	1年	
215		SY01110002	混凝土V型仪	Ⅲ	—	漏斗容量，漏斗上口尺寸，漏斗下口尺寸		按参数内部校准
216		SY01110003	混凝土L型仪	Ⅲ	—	前槽尺寸，后槽尺寸		按参数内部校准
217		SY01110004	喷射混凝土抗压强度试件专用模具	Ⅲ	—	基本尺寸偏差		按参数内部校准
218		SY01110005	砂浆抗拉和粘结抗拉强度试验装置（8字模和抗拉试验夹具）	Ⅲ	—	尺寸		按参数内部校准

第二章 水运工程试验检测仪器设备检定/校准列表

续上表

序号	项目类别	编　号	设　备　名　称	管理类别	依据标准	计量参数	建议检定/校准周期	备　注
219		SY01050002	混凝土试模	Ⅲ	JJF 1307 试模校准规范	工作的表面粗糙度,工作面的平面度,缝隙,工作面之间的垂直度,基本尺寸偏差		按参数内部校准
220		SY01110006	三联试模	Ⅲ	JJF 1307 试模校准规范	工作的表面粗糙度,工作面的平面度,缝隙,工作面之间的垂直度,基本尺寸偏差		按参数内部校准
221		SY01110007	正拉粘结强度试验装置	Ⅲ	—	—		表面清洁
222	十一、修补加固材料（SY0111）	SY01110008	三联试模（带凹槽）	Ⅲ	—	基本尺寸偏差		按参数内部校准
223		SY01110009	砂浆干缩仪	Ⅰ	JJG 34 指示表（指针式,数显式）	各部件相互作用,指针与刻度盘的相互位置,指针末端宽度和刻线宽度,轴套直径,测量面的表面粗糙度,指示表的行程,测头重复性,测力,径向受力对示值的影响,示值误差,回程误差	1年	
224		SY01110010	比长仪	Ⅰ	JJG 34 指示表（指针式,数显式）	各部件相互作用,指针与刻度盘的相互位置,指针末端宽度和刻线宽度,轴套直径,测头重复性,测力,径向受力对示值的影响,示值误差,回程误差	1年	
225		SY01110011	弓形螺旋测微计	Ⅰ	JJG 21 千分尺	各部件相互作用,测微螺杆的轴向窜动和径向摆动,测砧宽度及棱边宽度,测微螺杆测量面的相对偏移,刻线宽度,指针与刻线盘的相对位置,测力,微分筒锥面的端面至固定套管刻线边的距离,微分筒锥面的端面与固定套管毫米刻线的相对位置,测量面的平面度,数显外径千分尺任意位置重复性,数显外径千分尺任意位置示值误差,两测面的平行度,示值误差,数显外径千分尺细分误差,校对用量杆	1年	

— 37 —

续上表

序号	项目类别	编号	设备名称	管理类别	依据标准	计量参数	建议检定/校准周期	备注
226		SY01050038	拉力试验机	I	JJG 139 拉力、压力和万能试验机	拉伸试验夹持装置的同轴度,示误差,示值相对误差,复值重复性相对误差,示值进回程相对误差,相对分辨力,位移示值相对误差,零点漂移,零点相对误差,噪声,绝缘电阻	1年	原编号错误,更改为SY01050038
227		SY01120001	CBR顶破试验装置	III	—	直径		按参数内部校准
228	十二、土工合成材料(SY0112)	SY01120002	刺破试验装置	III	—	直径		按参数内部校准
229		SY01120003	纵向通水量试验仪	II-2	—	精密压力表精度,压力范围,水头刻度,仪器夹持长度	1年	参考JJG 49 弹簧管式精密压力表和真空表和JJG 1 钢直尺
230		SY01120004	渗透仪(土工合成材料)	II-2	—	仪器夹持试件处内径,水头差,试样距水槽底部距离,金属网丝径和孔径	1年	参考GB/T 15789—2016 土工布及其有关产品无负荷时垂直渗透特性的测定
231		SY01120005	摇筛机(土工合成材料)	II-2	—	横向摇动频率,垂直振动频率,振幅,回转半径	1年	
232		SY01120006	标准颗粒材料	III	—	—		选用有证标准材料

续上表

序号	项目类别	编号	设备名称	管理类别	依据标准	计量参数	建议检定/校准周期	备注
233	十二、土工合成材料（SY0112）	**SY01120007**	测厚仪	I	JJG 34 指示表（指针式、数显式）	各部分相互作用，指针与刻度盘的相互位置，指针末端宽度和刻线宽度，指针与表面粗糙度，轴套直径，测量面的表面粗糙度，指示表的行程，测量力，测头行径，测杆径向受力对示值的影响，示值误差，回程误差，示值漂移	1年	
234		**SY01030005**	游标卡尺	I	JJG 30 通用卡尺	各部分相互作用，各部分相对位置，标尺标记的平面，圆弧内测量面的表面粗糙度，测量面的平宽度，圆弧内测量爪的基本尺寸和平行度，刀口内量爪内的平行度，圆标尺内量爪行程，漂移，示值误差和细分误差	1年	
235		**SY01010003**	天平	I	JJG 98 机械天平 JJG 1036 电子天平	天平的检定标尺分度值及其误差，天平的横梁不等臂性误差，天平的示值重复性，游码标尺码标尺示值误差，机械挂砝码的组合误差；偏载误差，重复性，示值误差	1年	
236		SY01010018	固结仪	I	JJF 1311 固结仪校准规范	鉴别力阀，输出力值，百分表位移测量装置，环刀内径，外径，高度，透水板直径	1年	
237		SY01120008	动态穿孔试验装置	III	—	夹具内径，试验高度，钢锥角度，钢锥质量，钢锥直径	1年	按参数内部校准
238		SY01120009	耐静水压测定装置	II-2		水压力显示误差，水压力设定误差，水压力保持误差，时间，多孔板孔径，孔距	1年	参考GB/T 19979.1—2005 土工合成材料 防渗性能 第1部分：耐静水压的测定

— 39 —

续上表

序号	项目类别	编号	设备名称	管理类别	依据标准	计量参数	建议检定/校准周期	备注
239	十二、土工合成材料（SY0112）	SY01120010	氙弧灯试验装置	II-2		光谱辐照度，辐照度均匀性，温度偏差，温度均匀度，温度波动度，湿度偏差，湿度均匀度，湿度波动度	1年	GB/T 16422.2—2014 塑料 实验室光源暴露试验方法 第2部分：氙弧灯
240		SY01120011	荧光紫外线实验装置	II-2		紫外光谱辐照度，辐照度均匀性，温度偏差，温度均匀度，温度波动度，湿度偏差，湿度均匀度，湿度波动度	1年	参考 GB/T 16422.3 塑料 实验室光源暴露试验方法 第3部分：荧光紫外灯
241		SY01120012	抗氧化烘箱	I	JJF 1101 环境试验设备温度、湿度校准规范	温度偏差，温度均匀度，温度波动度，湿度偏差，湿度均匀度，湿度波动度	2年	
242		**SY01130001**	π尺	I	JJF 1423 π尺校准规范	标记宽度及宽度差，尺带厚度偏差和厚度差，尺带与主尺的重合度，副尺的间隔误差，直径示值误差	1年	
243	十三、预应力波纹管（SY0113）	**SY01030005**	游标卡尺	I	JIG 30 通用卡尺	各部分相互作用，各部分相对位置，标尺标记的宽度和宽度差，各部分表面粗糙度，测量爪的平面度，圆弧内量爪的平面和平行度，刀口内量爪的基本尺寸和平行度，测量面的平面度，零值变动性，示值漂移，示值误差和细分误差	1年	

— 40 —

第二章　水运工程试验检测仪器设备检定/校准列表

续上表

序号	项目类别	编号	设备名称	管理类别	依据标准	计量参数	建议检定/校准周期	备注
244		SY01130002	钢卷尺	Ⅰ	JJG 4 钢卷尺	线纹宽度,零点误差,示值误差	6个月	
245		SY01110011	螺旋干分尺	Ⅰ	JJG 21 千分尺	各部件相互作用,测微螺杆的轴向串动和径向摆动,测砧与测微螺杆测量面的相对偏移,测力,刻线宽度及宽度差,指针与刻线盘的相对位置,微分筒锥面的端面与固定套管刻线面的距离,微分筒锥面的端面与回转线面的平面度,测量面的平面度,数显外径千分尺的示值相对重复性,数显外径千分尺任意位置时数值漂移,两测量面的平行度,示值误差,数显外径千分尺细分误差,校对用量杆	1年	
246	十三、预应力波纹管（SY0113）	SY01130003	压缩试验机（具测量试样内径变形功能）	Ⅰ	JJG 139 拉力、压力和万能试验机 JJF 1305 线位移传感器校准规范	拉伸试验夹持装置的同轴度,示值相对误差,示值相对重复性,示值进回程相对误差,相对分辨力,位移示值相对误差,零点漂移,零点误差,示值误差,噪声,绝缘电阻；灵敏度,基本误差,线性度,回程误差	1年	
247		SY01130004	万能试验机	Ⅰ	JJG 139 拉力、压力和万能试验机	拉伸试验夹持装置的同轴度,示值相对误差,示值相对重复性,示值进回程相对误差,相对分辨力,位移示值相对误差,零点漂移,零点误差,示值误差,噪声,绝缘电阻	1年	
248		SY01130005	柔韧性测定弧形模板	Ⅲ	—	—	1年	表面清洁
249		SY01130006	塞规	Ⅰ	JJF 1310 电子塞规校准规范	定标用标准环规,工作面的表面粗糙度,工作间隙,测头测量面和导套工作面对中误差,测量力,零位平衡,示值误差,测头对称误差,示值范围,调零误差,示值变动性,漂移	1年	

续上表

序号	项目类别	编号	设备名称	管理类别	依据标准	计量参数	建议检定/校准周期	备注
250	十三、预应力波纹管（SY0113）	SY01130007	落锤冲击仪	Ⅰ	JJF 1445 落锤式冲击试验机校准规范	工作台水平度，摆动量，导向装置垂直度，落锤冲击点偏差，锤头半径示值误差，锤头表面粗糙度，硬度，落锤质量示值误差，跌落高度示值误差，能量损失	1年	
251		SY01130008	差示扫描量热仪	Ⅰ	JIG 936 示差扫描热量计	基线噪声，基线漂移，程序升温速率偏差，温度重复性，温度示值误差，热量示值误差，分辨率	2年	
252		SY01130009	拉力计	Ⅰ	JJG 455 工作测力仪	回零误差或最大零点方位偏差，分度数或相对分辨率，力值计量单位（示值误差，回程示值，滞后），非力值计量单位（进程示值，回程示值，滞后，重复性，长期稳定性）	1年	
253		SY01130010	砝码	Ⅰ	JJG 99 砝码	密度（或）体积，表面粗糙度，磁化率，永久磁性，折算质量	折算质量的检定：E1等级单个砝码，克组，毫克组，微克组砝码2年，E2等级F1等级公斤组的实心砝码2年，其他为1年	
254		SY01050020	真空泵	Ⅲ	—	—		按说明书维护

第二章 水运工程试验检测仪器设备检定/校准列表

续上表

序号	项目类别	编号	设备名称	管理类别	依据标准	计量参数	建议检定/校准周期	备注
255	十三、预应力波纹管（SY0113）	SY0101 0003	天平	I	JJG 98 机械天平 JJG 1036 电子天平	天平的检定标尺分度值及其误差,天平的横梁不等臂性误差,天平的示值重复性,游码标尺、链码标尺称量误差,机械挂砝码的组合误差,偏载误差,重复性,示值误差	1年	
256		SY0102 0015	箱式电阻炉	I	JJF 1376 箱式电阻炉校准规范	炉温均匀度,炉温稳定度,炉内最大温差	据实际情况	
257		SY0101 0002	烘箱	I	JJF 1101 环境试验设备温度、湿度校准规范	温度偏差,温度均匀度,温度波动度	2年	
258		SY0105 0038	拉力试验机	I	JJG 139 拉力、压力和万能试验机	拉伸试验夹持装置的同轴度,示值相对误差,示值进回程相对误差,相对分辨力,位移示值相对误差,零点漂移,零点重复性相对误差,示值重复性相对误差,位移示值相对误差,噪声,绝缘电阻	1年	原编号错误,变更改为SY0105 0038
259	十四、钢材与钢材连接接头（SY0114）	**SY0114 0001**	弯曲试验机	Ⅲ	—	支辊间距		参考 GB/T 232—2010 金属材料弯曲试验方法
260		**SY0102 0011**	压力试验机	I	JJG 139 拉力、压力和万能试验机	拉伸试验夹持装置的同轴度,示值相对误差,示值进回程相对误差,相对分辨力,位移示值相对误差,零点漂移,零点重复性相对误差,示值重复性相对误差,位移示值相对误差,噪声,绝缘电阻	1年	
261		**SY0114 0002**	引伸计	I	JJG 762 引伸计	标距相对误差,分辨力,示值误差,示值进回程相对误差	1年	

续上表

序号	项目类别	编号	设备名称	管理类别	依据标准	计量参数	建议检定/校准周期	备注
262	十四、钢材与连接接头（SY0114）	SY01140003	冷弯冲头	Ⅲ	—	弯芯直径,测量允许误差		按参数内部校准
263		SY01140004	标准打点机	Ⅱ-2		标距范围,间隔,尺寸误差,深度尺寸	1年	
264		SY01030005	游标卡尺	Ⅰ	JJG 30 通用卡尺	各部分相互作用,各部分相对位置,标尺标记的宽度和宽度差,测量面的表面粗糙度,测量面的平面度,圆弧内量爪的基本尺寸和平行度,刀口内量爪的平行度,零值误差,示值变动性,漂移,示值误差和细分误差	1年	
265		SY01010003	天平	Ⅰ	JJG 98 机械天平 JJG 1036 电子天平	天平的检定标尺分度值及其示值误差 天平的横梁不等臂性,天平示值重复性,游码标尺,链码标尺称量误差,机械挂砝码的组合合差,偏载误差,重量误差	1年	
266		SY01140005	化学指标分析仪 原子吸收光谱仪 SY01040015	Ⅰ	JJG 768 发射光谱仪	发射光谱仪:电磁场泄漏,波长示值误差及重复性,最小光谱宽带,检出限,稳定性;直读光谱仪:绝缘电阻,波长示值误差及重复性,重复性,稳定性;摄谱仪:谱线密度,密度均匀性,谱质量和分辨力,谱线光密度均匀性,检出限,重复性	2年	
		SY01140005	分光光度计 SY01040016	Ⅰ	JJG 694 原子吸收光光度计 JJG 537 荧光分光光度计 JJG 178 紫外可见近红外分光光度计	波长示值误差与重复性,光谱带宽偏差,基线稳定性,边缘能量,检出限,测量重复性,线性误差,表观雾化率,背景校正能力;单色器波长示值误差与重复性,滤光片透光特性,检出极限,稳定性,重复性,稳定限,绝缘电阻;波长示值误差与重复性,噪声与漂移,光谱带宽,透射比示值误差与重复性,基线平直度,杂散光,吸收池的适应性,吸收池的配套性电压的适应性	1年	

— 44 —

第二章 水运工程试验检测仪器设备检定/校准列表

续上表

项目类别	序号	编号	设备名称	管理类别	依据标准	计量参数	建议检定/校准周期	备注
十四、钢材与连接接头（SY0114）	266	SY01140005	化学分析仪 滴定设备 SY0102O007	I	JJG 196 常用玻璃量器	应力，密合性，流出时间，容量示值	3年，用于碱溶液的容器1年	本手册中的滴定装置仅限于滴定试验中使用的滴定管
		SY01140005-a	碳硫测定装置	II-2		示值误差	1年	
	267	SY01140006	超声焊缝探伤仪	I	JJG 746 超声探伤仪	水平线性误差，衰减器衰减误差，垂直线性误差，动态范围，电噪声电平，最大使用灵敏度，探伤灵敏度余量，扫描范围，分辨力	1年	
	268	SY01140007	洛氏硬度计	I	JJG 112 金属洛氏硬度计	硬度计主轴与试台垂直度，升降丝杠轴与主轴轴线同轴度，加力及保持时间，初试验力，总试验力，压痕深度测量装置，试样位移机架变形，压痕深度示值	金刚石压头4年，硬度计1年	
	269	SY01140008	布氏硬度计	I	JJG 150 金属布氏硬度计	硬度计主轴和试台面的垂直度，升降丝杠轴线与主轴轴线的同轴度，试验装置，试验力施加加速度和试验循环时间，压痕测量装置，线纹宽度及示值误差和示值重复性，球压头，压痕示值	1年	
	270	SY01050029	钢直尺	I	JJG 1 钢直尺	尺面平面度，弹性，尺的端直度，侧边的直线度，侧边与端边垂直度，端边厚度，侧边与端边相交处圆弧半径，线纹宽度及宽度差，示值误差	1年	
	271	SY01140009	X光焊缝探伤机	I	JJG 40 X射线探伤机	空气比释动能率，穿透力，重复性，辐射角，计时器误差，透照灵敏度，图像分辨力，漏射线空气比释动能率	1年	

续上表

序号	项目类别	编号	设备名称	管理类别	依据标准	计量参数	建议检定/校准周期	备注
272	十四、钢材与连接接头（SY0114）	SY01140010	磁粉探伤仪	I	JJF 1273 磁粉探伤机校准规范	绝缘电阻,绝缘强度,周向磁化电流,剩余磁感应强度,观察条件,综合灵敏度,纵向磁化电流	1年	
273		SY01140011	着色渗透探伤剂	Ⅲ	—	—		按说明书维护
274		SY01140012	轴力计	I	JJG 455 工作测力仪	回零误差或最大零点方位偏差,分度数或分度值（示值误差,回程误差,示值计量单位,力值计量单位（进程示值,回程示值,滞后),非力值计量单位,重复性,长期稳定性)	1年	
275		SY01140013	扭矩扳手	I	JJG 707 扭矩扳子	示值相对分辨力,回零误差,示值重复性	1年	
276		SY01140014	抗滑移系数检测仪	Ⅱ-2	—	力值示值误差,重复性	1年	
277		SY01140015	专用螺栓抗拉夹具	Ⅲ	—	加持杆和固定夹持部位的直径,夹具外径,杆直径		按参数内部校准
278		SY01140016	电动反向弯曲机	Ⅱ-2	—	角度	1年	参考YB/T 5126—2003 钢筋混凝土用钢筋弯曲和反向弯曲试验方法
279		SY01140017	反复弯曲试验机	Ⅲ	—	支辊间距		参考 GB/T 232—2010 金属材料弯曲试验方法

续上表

序号	项目类别	编号	设备名称	管理类别	依据标准	计量参数	建议检定/校准周期	备注
280	十五、钢绞线与锚具、夹具、连接器（SY0115）	SY01050038	拉力试验机	I	JJG 139 拉力、压力和万能试验机	拉伸试验夹具装置的同轴度，零点漂移，零点相对误差，示值相对误差，示值重复性相对误差，相对分辨力，位移示值相对误差，噪声，绝缘电阻	1年	原编号错误，更改为SY0105038
281		SY01140007	洛氏硬度计	I	JJG 112 金属洛氏硬度计	硬度计主轴与试台垂直度，升降丝杠轴线与主轴轴线同轴度，加力及保持时间，初试验力，总试验力，压头，压痕深度测量装置，试样位移示值变形，硬度计示值	金刚石压头4年，硬度计1年	
282		SY01140008	布氏硬度计	I	JJG 150 金属布氏硬度计	硬度计主轴和试合台面的垂直度，升降丝杠轴线与主轴轴线的同轴度，试验力，球压头，压痕测量装置，试验力施加速度和试验循环时间，示值误差和示值重复性	1年	
283		SY01030005	游标卡尺	I	JJG 30 通用卡尺	各部分相互作用，各部分相对位置，标尺标记的宽度和宽度差，测量面的表面粗糙度，测量面的平面度，圆弧内量爪的基本尺寸和平行度，刀口内量爪的平行度，零值误差，示值变动性，示值误差和示值细分误差	1年	
284		SY01050029	钢直尺	I	JJG 1 钢直尺	尺面平面度，弹性，尺的直垂度，尺的端边，侧边，端边与侧边，侧边与侧边的直垂度，侧边厚度，线纹宽度及宽度差，示值误差	1年	
285		SY01140002	引伸计	I	JJG 762 引伸计	标距相对误差，分辨力，示值误差，示值进回程相对误差	1年	

续上表

序号	项目类别	编号	设备名称	管理类别	依据标准	计量参数	建议检定/校准周期	备注
286	十五、钢绞线与锚具、夹具、连接器（SY0115）	SY01150001	静载锚固试验机	I	JJG 139 拉力、压力和万能试验机 JJF 1305 线位移传感器校准规范	拉伸试验夹持装置的同轴度，零点相对误差，示值相对误差，零点漂移，零点重复性，相对分辨力，位移示值相对误差，示值进回程相对误差，噪声，绝缘电阻；灵敏度，基本误差，线性度，回程误差，重复性	1年	试验机和压力表
287		SY01150002	松弛试验机	II-2		示值误差，重复性，滞后	1年	
288	十六、砖（SY0116）	SY01160001	砖用卡尺	I	JJG 30 通用卡尺	各部分相互作用，各部分相对位置，标尺标记的宽度和宽度差，圆弧内的表面粗糙度，测量面的平面度，圆弧内量爪的基本尺寸和平行度，刀口内量爪的平行度，零值误差，示值变动性，漂移，示值误差和细分误差	1年	
289		SY01050029	钢直尺	I	JJG 1 钢直尺	尺面平面度，弹性，尺的端边，侧边的直线度，尺的端边，侧边与侧边的垂直度，侧边厚度，线纹宽度及宽度差，端边交处圆弧半径，示值误差	1年	
290		SY01020011	压力试验机	I	JJG 139 拉力、压力和万能试验机	拉伸试验夹持装置的同轴度，示值相对误差，零点相对误差，示值重复性，相对分辨力，位移示值相对误差，示值进回程相对误差，噪声，绝缘电阻	1年	
291		SY01160002	抗折装置	III	—	—	1年	表面清洁
292		SY01010002	烘箱	I	JJF 1101 环境试验设备温度、湿度校准规范	温度偏差，温度均匀度，温度波动度	2年	

续上表

序号	项目类别	编号	设备名称	管理类别	依据标准	计量参数	建议检定/校准周期	备注
293		SY01010003	天平	I	JJG 98 机械天平 JJG 1036 电子天平	天平的检定标尺分度值及其误差,天平的示值重复性,天平的横梁不等臂性称量误差,机械挂砝码的组合误差,游码标尺,链码标尺称量误差,重复性,示值误差偏载误差,重复性,示值误差	1年	
294	十六、砖 (SY0116)	SY01160003	冷冻设备	II-1	JJF 1101 环境试验设备温度、湿度校准规范	温度偏差,温度均匀度,温度波动度	2年	
295		SY01160004	耐磨试验机	III	—	—		清除残留颗粒及粉尘,紧固,加润滑油
296		SY01170001	涂层抗氯离子渗透试验装置	III	—	尺寸		按参数内部校准
297		SY01170002	拉脱式涂层粘结力测定仪	II-2	JJF 1484 湿膜厚度测量规校准规范	粘结力误差,测量范围		
298	十七、混凝土与钢筋表面防腐 (SY0117)	SY01170003	湿膜厚度规	I		工作面的表面粗糙度,轮视两基准圆直径差,示值误差	1年	
299		SY01010002	烘箱	I	JJF 1101 环境试验设备温度、湿度校准规范	温度偏差,温度均匀度,温度波动度	2年	
300		SY01010003	天平	I	JJG 98 机械天平 JJG 1036 电子天平	天平的检定标尺分度值及其误差,天平的示值重复性,天平的横梁不等臂性称量误差,机械挂砝码的组合误差,游码标尺,链码标尺称量误差,重复性,示值误差偏载误差,重复性,示值误差	1年	

续上表

序号	项目类别	编号	设备名称	管理类别	依据标准	计量参数	建议检定/校准周期	备注
301	十七、混凝土与钢筋表面防腐（SY0117）	SY01030005	游标卡尺	I	JJG 30 通用卡尺	各部分相互作用，各部分相对位置，标尺标记的宽度和宽度差，测量面的表面粗糙度，测量面的平面度，圆弧内量爪内量爪尺寸和平行度，刀口内量爪的平行度，基本尺寸和平行度，刀口内量爪的平行度，零值误差，示值变动性，漂移，示值误差和细分误差	1年	
302		SY01020007	滴定设备	I	JJG 196 常用玻璃量器	应力，密合性，流出时间，容量示值	3年，用于碱溶液的容器1年	本手册中的滴定装置仅限于滴定试验中使用的滴定管
303		SY01170004	超声波测厚仪	I	JJF 1126 超声波测厚仪校准规范	重复性，示值误差，曲面壁厚测量的示值误差，厚度校准的微调范围，变换声速的厚度示值误差，示值稳定性	1年	
304		SY01170005	显微式测厚仪	I	JJG 571 读数、测量显微镜	各部分相互作用，显微镜各刻线间的相对位置，核镜座转动引起的影响，圆工作台径向力引起的位移，玻璃合面与纵横向滑板移动方向的平行度，纵、横向滑板移动方向的直线度，玻璃合面与纵向滑板移动方向对玻璃台板移动方向的直线度，显微镜升降方向对玻璃台板面的垂直度，圆工作台垂直度，螺旋线分划板面的示值误差，显微镜分划线示值误差，中心与回转中心的重合性，回程误差	1年	
305		SY01170006	取芯机	III	—	—		检查钻杆变形

— 50 —

第二章 水运工程试验检测仪器设备检定/校准列表

续上表

序号	项目类别	编号	设备名称	管理类别	依据标准	计量参数	建议检定/校准周期	备注
306		SY01170007	气相色谱仪	I	JJG 700 气相色谱仪	载气流速稳定性,柱箱温度稳定性,程序升温重复性,基线噪声,基线漂移,灵敏度,检测限,定性重复性,定量重复性	2年	
307		SY01170008	热裂解仪	II-2	—	裂解时间,裂解温度	1年	
308	十七、混凝土与钢筋表面防腐(SY0117)	SY01170016	研磨设备	III	—	—		按说明书维护。原编号错误,更改为SY0117016
309		SY01050013	钢筋握裹力试验装置	III	—	各部件尺寸		按参数内部校准
310		SY01050038	拉力试验机	I	JJG 139 拉力、压力和万能试验机	拉伸试验夹持装置的同轴度,示值相对误差,示值重复性相对误差,示值进回程相对误差,相对分辨力,位移示值相对误差,噪声,绝缘电阻	1年	原编号错误,更改为SY0105038
311		SY01050012	千分表	I	JJG 21 千分尺	各部件相互作用,测微螺杆的轴向串动和径向摆动,测砧与测微螺杆测量面的相对偏移,刻线宽度及宽度差,指针与刻线盘面的相对位置,微分筒锥面的端面与固定套管棱边至固定套管毫米刻线面的距离,微分筒锥面的端面与固定套管毫米刻线的相对位置,数显千分尺任意位置数值漂移,两测量面的平行度,示值误差,数显外径千分尺细分误差,校动用量杆	1年	

— 51 —

续上表

序号	项目类别	编号	设备名称	管理类别	依据标准	计量参数	建议检定/校准周期	备注
312	十七、混凝土与钢筋表面防腐（SY0117）	SY01170009	专用试模	Ⅲ	—	基本尺寸偏差		按参数内部校准
313		SY01170010	低压海绵检漏仪	Ⅰ	JJG 795 耐电压测试仪	交直流输出电压,击穿报警电流,交流输出电压的失真度,直流输出电压的纹波系数,实际输出容量,电压持续时间,绝缘电阻,工频耐压试验	1年	
314		SY01170011	钢筋弯曲试验机	Ⅲ	—	支辊间距		参考 GBT 232—2010 金属材料弯曲试验方法
315		SY01170012	磁吸力脱离测厚仪	Ⅰ	JJG 818 磁性、电涡流式覆层厚度测量仪	各部分相互作用,测量力及其变动性,示值重复性,示值误差,示值稳定性,电源电压变化对仪器示值的影响,校准用厚度片	1年	
316		SY01170013	诱导磁性测厚仪	Ⅰ	JJG 818 磁性、电涡流式覆层厚度测量仪	各部分相互作用,测量力及其变动性,示值重复性,示值误差,示值稳定性,电源电压变化对仪器示值的影响,校准用厚度片	1年	
317		SY01170014	磁通量测厚仪	Ⅰ	JJG 818 磁性、电涡流式覆层厚度测量仪	各部分相互作用,测量力及其变动性,示值重复性,示值误差,示值稳定性,电源电压变化对仪器示值的影响,校准用厚度片	1年	
318		SY01170015	涡流测厚仪	Ⅰ	JJG 818 磁性、电涡流式覆层厚度测量仪	各部分相互作用,测量力及其变动性,示值重复性,示值误差,示值稳定性,电源电压变化对仪器示值的影响,校准用厚度片	1年	

第二章 水运工程试验检测仪器设备检定/校准列表

续上表

序号	项目类别	编号	设备名称	管理类别	依据标准	计量参数	建议检定/校准周期	备注
319	十八、混凝土结构（SY0118）	SY01180001	回弹仪	Ⅱ-1	JJG 817 回弹仪	标尺"100"刻度线位置，指针长度，指针摩擦力，弹击杆端部球面半径，弹击锤脱钩位置，弹击拉簧刚度，弹击拉簧工作长度，弹击拉簧拉伸长度，弹击锤起跳位置，钢砧率定值，示值一致性	6个月	
320		SY01180002	非金属超声波检测仪	Ⅱ-1	JJG（交通）027 水运工程 非金属声波检测仪	发射电压偏值稳定度，幅值准确度，空气中声时测量准确度，水介质中声时测量准确度	1年	
321		SY01170006	取芯机	Ⅲ	—	—		检查钻杆变形
322		SY01180003	切割机	Ⅲ	—	—		清洁岩渣，润滑油，紧固磨轮
323		SY01180004	端面磨平设备	Ⅲ	—	—		清洁，更换磨片
324		SY01020011	压力试验机	Ⅰ	JJG 139 拉力、压力和万能试验机	拉伸试验夹持装置的同轴度，零点漂移，零点相对误差，示值相对误差，示值进回程相对误差，相对分辨力，位移示值相对误差，噪声，绝缘电阻	1年	
325		SY01030005	游标卡尺	Ⅰ	JJG 30 通用卡尺	各部分相互作用，各部分的表面尺寸和平行度，测量爪的宽度和宽度，圆弧内量爪的基本尺寸和平行度，测量面粗糙度，刀口内量爪的平面性，零值误差，示值变动性，漂移，示值误差和细分误差	1年	

— 53 —

续上表

序号	项目类别	编号	设备名称	管理类别	依据标准	计量参数	建议检定/校准周期	备注
326	十八、混凝土结构(SY0118)	SY01050029	钢直尺	Ⅰ	JJG 1 钢直尺	尺面平面度,弹性,尺的端边、侧边的直线度,尺的端边与侧边垂直度,侧边厚度,端边与侧边相交处圆弧半径,线纹宽度及宽度差,示值误差	1年	
327		SY01180005	钢筋保护层测定仪	Ⅱ-1	JJF 1224 钢保护层、楼板厚度测量仪校准规范	钢筋保护层测量重复性,钢筋保护层厚度示值误差,钢筋直径示值误差	1年	参考JGJ/T 152 混凝土中钢筋检测技术规程
328		SY01070005	钢筋锈蚀仪	Ⅱ-1	JJF 1341 钢筋锈蚀测量仪校准规范	电位测量的示值误差,分辨力,稳定性,输出电位的示值误差,稳定性,调节细度,输出电流示值误差,电气安全性能	1年	
329		SY01180006	碳化深度测定仪	Ⅰ	JJG 30 通用卡尺	各部分相互作用,各部分相对位置,标尺标记的宽度和宽度差,测量面的表面粗糙度,测量面的平面度,圆弧内内量爪的平行度和平行度,量爪的基本尺寸和平行度,刀口内口宽度,零值误差,示值变动性,漂移,示值误差和细分误差	1年	
330		SY01180007	裂缝宽度测试仪	Ⅱ-2		裂缝宽度	1年	参考JJG 571 读数显微镜,测量编号改为SY0118007

续上表

序号	项目类别	编号	设备名称	管理类别	依据标准	计量参数	建议检定/校准周期	备注
331	十九、钢结构防腐（SY0119）	SY01190002	参比电极	Ⅲ	—	—		清洁
332		SY01190003	高内阻万用表	Ⅰ	JJG 124 电流表、电压表、功率表及电阻表	基本误差，升降变差，偏离零位，位置影响，功率因数影响，阻尼，绝缘电阻测量，介电强度试验	准确度等级小于或等于0.5的1年，其余仪表2年	
333		SY01190004	涂层磁性测厚仪	Ⅰ	JJG 818 磁性、电涡流式覆层厚度测量仪	各部分相互作用，测量力及其变动性，示值重复性，示值误差，示值稳定性，电源电压变化对仪器示值的影响，校准用厚度片	1年	
334		SY01190005	钢板超声波测厚仪	Ⅰ	JJF 1126 超声波测厚仪校准规范	重复性，示值误差，曲面壁厚测量的示值误差，厚度校准的微调范围，变换声速，校准用厚度片，示值稳定性	1年	
335		SY01190006	粗糙度仪	Ⅰ	JJF 1105 触针式表面粗糙度测量仪仪校准规范	传感器触针针尖圆弧半径及角度，传感器触针静测力及其变化率，传感器导头圆弧半径，传感器导头工作面粗糙度，传感器导头滑行运动的直线性，残余轮廓，示值误差，驱动箱复性，示值稳定性	1年	
336		SY01190007	划格器	Ⅲ	—	—		清洁
337		SY01190008	涂层附着力拉拔试验装置	Ⅱ-2	—	示值误差，重复性，回零误差或最大零点方位偏差	1年	
338		SY01050038	拉力试验机	Ⅰ	JJG 139 拉力、压力和万能试验机	拉伸试验夹持装置的同轴度，示值相对误差，示值重复性相对误差，相对分辨力，位移示值相对误差，示值进回程相对误差，零点漂移，零点票移，示值相对误差，噪声，绝缘电阻	1年	原编号错误，更改为SY0105038

续上表

序号	项目类别	编号	设备名称	管理类别	依据标准	计量参数	建议检定/校准周期	备注
339	二十、混凝土结构（SY0201）	SY01180001	回弹仪	II-1	JJG 817 回弹仪	标尺"100"刻度线位置，指针长度，指针摩擦力，弹击杆端部球面半径，弹击锤脱钩位置，弹击拉簧刚度，弹击锤工作长度，弹击拉簧拉伸长度，弹击锤起跳位置，钢砧率定值，示值一致性	6个月	
340		SY01180006	碳化深度测定仪	I	JJG 30 通用卡尺	各部分相互作用，各部分相对位置，标尺标记的宽度和宽度差，测量面的表面粗糙度，测量面的平面度，圆弧内内宽度，圆弧内内量爪的基本尺寸和平行度，刀口内量爪的平行度，零值误差，示值变动性，漂移，示值误差和细分误差	1年	
341		SY01030005	游标卡尺	I	JJG 30 通用卡尺	各部分相互作用，各部分相对位置，标尺标记的宽度和宽度差，测量面的表面粗糙度，测量面的平面度，圆弧内内宽度，圆弧内内量爪的基本尺寸和平行度，刀口内量爪的平行度，零值误差，示值变动性，漂移，示值误差和细分误差	1年	
342		SY01050029	钢直尺	I	JJG 1 钢直尺	尺面平面度，弹性，尺的端边与垂直度，侧边厚度，端边与侧边相交处圆弧半径，线纹宽度及宽度差，示值误差	1年	
343		SY01180002	非金属超声波检测仪	II-1	JJG（交通）027 水运工程 非金属超声波检测仪	发射电压幅值稳定度，幅值准确度，空气中声时测量准确度，水介质中声时测量准确度	1年	
344		SY01170006	取芯机	III	—	—		检查钻杆变形

续上表

序号	编号	设备名称	管理类别	依据标准	计量参数	建议检定/校准周期	备注
							项目类别 二十、混凝土结构（SY0201）
345	SY01180003	切割机	Ⅲ	—	—		清洁岩渣，润滑油，紧固磨轮
346	SY01180004	端面磨平设备	Ⅲ	—	—		清洁，更换磨片
347	SY01020011	压力机	Ⅰ	JJG 139 拉力、压力和万能试验机	拉伸试验夹持装置的同轴度，零点漂移，零点相对误差，示值相对误差，示值进回程相对误差，相对分辨力，位移示值相对误差，噪声，绝缘电阻	1年	
348	SY01180005	钢筋保护层测定仪	Ⅱ-1	JJF 1224 楼板厚度测量仪校准规范	钢筋保护层测量重复性，钢筋保护层厚度示值误差，钢筋直径示值误差	1年	参考 JGJ/T 152 混凝土中钢筋检测技术规程
349	SY02010001	塞尺	Ⅰ	JJG 62 塞尺	相互作用，塞尺硬度，工作面表面粗糙度，塞尺厚度，塞尺弯曲度	6个月	
350	SY01180007	裂缝宽度测试仪	Ⅱ-2		裂缝宽度	1年	参考 JJG 571 读数测量显微镜，编号更改为 SY01180007
351	SY01070005	钢筋锈蚀仪	Ⅱ-1	JJF 1341 钢筋锈蚀测量仪校准规范	电位测量的示值误差，分辨力，稳定性，输出电位示值误差，调节细度，输出电流示值误差，电气安全性能	1年	

续上表

序号	项目类别	编号	设备名称	管理类别	依据标准	计量参数	建议检定/校准周期	备注
352	二十、混凝土结构（SY0201）	SY02010002	抗氯离子渗透试验装置	Ⅲ	—	尺寸		按参数内部校准
353		SY02010003	电通量测定仪	Ⅱ-2		电压,电流,温度	1年	参考 JG/T 261 混凝土氯离子电通量测定仪
354		SY02010004	氯离子扩散系数测定仪	Ⅱ-2		电压,电流,温度	1年	
355		SY02010005	电位测量仪（酸度计或电位计）	Ⅰ	JJG 124 电流表、电压表、功率表及电阻表	基本误差,升降变差,偏离零位,位置影响,功率因数影响,阻尼,绝缘电阻测量,介电强度试验	准确度等级小于等于 0.5 的 1 年,其余仪表 2 年	
356		SY01020007	滴定设备	Ⅰ	JJG 196 常用玻璃量器	应力,密合性,流出时间,容量示值	3 年,用于碱溶液的容器 1 年	本手册中的滴定装置仅限于试验中使用的滴定管
357		SY01010003	天平	Ⅰ	JJG 98 机械天平 JJG 1036 电子天平	天平的检定标尺分度值及其误差,天平的示值重复性,游码标尺码挂码称量误差,机械挂码的组合误差,不等臂性称量误差,偏载误差,重复性,示值误差	1年	
358		SY01020004	电子秤	Ⅰ	JJG 539 数字指示秤	置零及除皮装置的准确度,偏载,旋转（吊秤）,称量,除皮后的称量,重复性,鉴别阀门,鉴别阀,鉴别阈	1年	

— 58 —

第二章 水运工程试验检测仪器设备检定/校准列表

续上表

序号	项目类别	编号	设备名称	管理类别	依据标准	计量参数	建议检定/校准周期	备注
359	二十、混凝土结构（SY0201）	SY01050036	快速冻融设备	Ⅱ-2	—	温度偏差,温度均匀度,温度波动度	2年	
360		SY01050037	动弹性模量测定仪	Ⅱ-2	—	频率测量范围,最大运行功率,重复性,谐振频率准确度	1年	
361		SY01170001	涂层抗氯离子渗透试验装置	Ⅲ	—	尺寸	1年	按参数内部校准
362	二十一、混凝土与钢筋表面防腐（SY0202）	SY02020001	涂层测厚仪	Ⅰ	JJG 818 磁性、电涡流式覆层厚度测量仪	各部分相互作用,测量力及其变动性,示值重复性,示值误差,示值稳定性,电源电压变化对仪器示值的影响,校准用厚度片	1年	
363		SY01170004	超声波测厚仪	Ⅰ	JJF 1126 超声波测厚仪校准规范	重复性,示值误差,曲面壁厚测量的示值误差,厚度校准的微调范围,变换声速的厚度示值误差,示值稳定性	1年	
364		SY01170005	显微镜式测厚仪	Ⅰ	JJG 571 读数显微镜	各部分相互作用,显微镜各刻线间的相对位置,棱镜座转动引起的影响,圆工作台受径向力引起的位移,横向滑板移动方向与玻璃板的平行度,纵横向滑板移动的直线度,玻璃工作台面与滑板的相互垂直度,显微镜升降方向对玻璃台面的垂直度,螺旋测微分划板中心与回转中心的重合性,回程误差	1年	
365		SY01170002	拉拔式附着力测定仪	Ⅱ-2	—	粘结力误差,测量范围	1年	
366		SY01010002	烘箱	Ⅰ	JJF 1101 环境试验设备温度、湿度校准规范	温度偏差,温度均匀度,温度波动度	2年	

续上表

序号	项目类别	编号	设备名称	管理类别	依据标准	计量参数	建议检定/校准周期	备注
367	二十一、混凝土与钢筋表面防腐（SY0202）	SY0101003	天平	Ⅰ	JJG 98 机械天平 JJG 1036 电子天平	天平的检定标尺分度值及其误差,天平的横梁不等臂性误差,天平的示值重复性,游码标尺,链码标尺称量误差,机械挂砝码的组合误差;偏载误差,重复性,示值误差	1年	
368		SY0103005	游标卡尺	Ⅰ	JJG 30 通用卡尺	各部分相互作用,各部分相对位置,标尺标记的宽度和宽度差,测量面的表面粗糙度,测量面的平面度,圆弧内内量爪的基本尺寸和平行度,刀口内量爪的平行度,零值变动性,示值误差,示值误差和细分误差	1年	
369		SY0102007	滴定设备	Ⅰ	JJG 196 常用玻璃量器	应力,密合性,流出时间,容量示值	3年,用于碱溶液的容器1年	本手册中的滴定装置仅限于滴定试验中使用的滴定管
370		SY0117007	气相色谱仪	Ⅰ	JJG 700 气相色谱仪	载气流速稳定性,柱箱温度稳定性,程序升温重复性,基线噪声,基线漂移,灵敏度,检测限,定量重复性	2年	
371		SY0117003	湿膜厚度规	Ⅰ	JJF 1484 湿膜厚度测量规校准规范	工作面的表面粗糙度,轮规两基准圆直径差,示值误差	1年	
372		SY0118003	切割机	Ⅲ	—	—		清洁岩渣,润滑油,紧固磨轮

第二章 水运工程试验检测仪器设备检定/校准列表

续上表

序号	项目类别	编号	设备名称	管理类别	依据标准	计量参数	建议检定/校准周期	备注
373		SY02020002	抗碱性试验装置	Ⅲ	—	—		按说明书维护
374		SY01170006	取芯机	Ⅲ	—	—		检查钻杆变形
375		SY02020003	试验槽	Ⅲ	—	—		清洁
376		SY01170008	热裂解仪	Ⅱ-2	—	裂解时间,裂解温度	1年	
377		SY01170016	研磨设备	Ⅲ	—	—		按说明书维护。编号改为SY0117016
378	二十一、混凝土与钢筋表面防腐（SY0202）	SY02020005	温度计	Ⅰ	JJG 130 工作用玻璃液体温度计	示值稳定度,示值误差,线性度	1年	原编号错误,更改为SY02020005
379		SY01050013	钢筋握裹力试验装置	Ⅲ	—	各部件尺寸		按参数内部校准
380		SY01050038	拉力试验机	Ⅰ	JJG 139 拉力、压力和万能试验机	拉伸试验夹持装置的同轴度,示值相对误差,示值相对误差,示值进回程相对误差,相对分辨力,相对分辨力,位移示值相对误差,噪声,绝缘电阻	1年	原编号错误,更改为SY01050038
381		SY01050012	千分表	Ⅰ	JJG 21 千分尺	各部件互相作用,测微螺杆的轴向串动和径向摆动,测砧与测微螺杆测量面的相对偏移,测微螺杆的轴向串动和径向摆动,测砧与测微螺杆测量面的相对偏移,测力,微刻线宽度及宽度差,指针与刻线盘的相对位置,微分筒锥面的端面与固定套管棱边的距离,微分筒锥面的端面的平面度,数显千分尺外径千分尺的示值重复性,数显外径千分尺任意位置数值漂移,两测量面的平行度,示值误差,数显外径千分尺细分误差,校对用量杆	1年	

— 61 —

续上表

序号	项目类别	编号	设备名称	管理类别	依据标准	计量参数	建议检定/校准周期	备注
382	二十一、混凝土与钢筋表面防腐（SY0202）	SY01170009	专用试模	Ⅲ	—	基本尺寸偏差		按参数内部校准
383		SY02020004	湿海绵针孔漏点检测仪	Ⅰ	JJG 795 耐电压测试仪	交直流输出电压,击穿报警电流,交流输出电压的失真度,直流输出电压的纹波系数,实际输出容量,电压持续时间,绝缘电阻,工频耐压试验	1年	
384		SY01170011	钢筋弯曲试验机	Ⅲ	—	支辊间距		参考 GBT 232—2010 金属材料弯曲试验方法
385		SY01170012	磁吸力脱离测厚仪	Ⅰ	JJG 818 磁性、电涡流式覆层厚度测量仪	各部分相互作用,测量力及其变动性,示值稳定性,电源稳定性,电源电压变化对仪器示值的影响,示值误差,校准用厚度片	1年	
386		SY01170013	诱导磁性测厚仪	Ⅰ	JJG 818 磁性、电涡流式覆层厚度测量仪	各部分相互作用,测量力及其变动性,示值稳定性,电源稳定性,电源电压变化对仪器示值的影响,示值误差,校准用厚度片	1年	
387		SY01170014	磁通量测厚仪	Ⅰ	JJG 818 磁性、电涡流式覆层厚度测量仪	各部分相互作用,测量力及其变动性,示值稳定性,电源稳定性,电源电压变化对仪器示值的影响,示值误差,校准用厚度片	1年	
388		SY01170015	涡流测厚仪	Ⅰ	JJG 818 磁性、电涡流式覆层厚度测量仪	各部分相互作用,测量力及其变动性,示值稳定性,电源稳定性,电源电压变化对仪器示值的影响,示值误差,校准用厚度片	1年	

第二章 水运工程试验检测仪器设备检定/校准列表

续上表

序号	项目类别	编号	设备名称	管理类别	依据标准	计量参数	建议检定/校准周期	备注
389	二十二、钢结构与钢结构防腐（SY0203）	SY01130004	万能试验机	I	JJG 139 拉力、压力和万能试验机	拉伸试验夹持装置的同轴度，示值相对误差，示值重复性相对误差，相对分辨力，位移示值相对误差，零点相对误差，零点漂移，零点相对误差，示值进回程相对误差，噪声，绝缘电阻	1年	
390		SY01030005	游标卡尺	I	JJG 30 通用卡尺	各部分相对位置，标尺标记的宽度和宽面的表面粗糙度，测量面的平面度，圆弧内爪的基本尺寸和平行度，刀口内量爪的平行度，零值误差，示值变动性，漂移，示值误差和细分误差	1年	
391		SY01050029	钢直尺	I	JJG 1 钢直尺	尺面平面度，弹性，尺的端边，尺的端边与侧边的直线度，侧边的厚度，侧边与端边相交处圆弧半径，线纹宽度及宽度差，示值误差	1年	
392		SY01190002	参比电极	III	—	—		清洁
393		SY01190003	高内阻万用表	I	JJG 124 电流表、电压表、功率表及电阻表	基本误差，升降变差，偏离零位，阻尼，绝缘电阻测量，位置影响，因数影响，功率因数影响，介电强度试验	准确度等级小于或等于0.5的1年，其余仪表2年	
394		SY01170013	磁性测厚仪	I	JJG 818 磁性、电涡流式覆层厚度测量仪	各部分相互作用，测量力及其变动性，示值稳定性，示值误差，电源电压变化对仪器示值的影响，示值重复性，校准度	1年	
395		SY01170004	超声波测厚仪	I	JJF 1126 超声波测厚仪校准规范	示值误差，曲面壁厚测量，厚度校准的微调范围，变换声速的厚度示值误差，厚度示值误差，重复性、示值稳定性	1年	

— 63 —

续上表

序号	项目类别	编号	设备名称	管理类别	依据标准	计量参数	建议检定/校准周期	备注
396	二十二、钢结构与钢结构防腐（SY0203）	SY01190006	粗糙度仪	I	JJF 1105 触针式表面粗糙度测量仪校准规范	传感器触针针尖圆弧半径及角度，传感器触针静测力及其变化率，传感器导头压力，传感器导头工作面粗糙度，传感器导头圆弧半径，驱动传感器滑行运动的直线性，传感器的直线性，残余轮廓，示值重复性，示值稳定性	1年	
397		SY01190007	划格器	III	—	—	1年	清洁
398		SY01190008	涂膜附着力测试仪	II-2	—	示值误差，重复性，回零误差或最大零点方位偏差	1年	
399		SY02030001	焊缝量规	I	JJG 704 焊接检验尺	各部分相互作用，高度尺，咬边深度尺和多用尺指标线棱边至主尺标记面的距离，标尺标记的宽度和宽度差，角度样板的偏差和测量角尺，高度尺的零值误差和示值误差，主尺边缘线性标尺的示值误差，测量面的平面度和表面粗糙度，高度尺的示值误差，宽度尺的零值误差和示值误差，咬边深度尺的零值误差和示值误差，高度尺的零值误差，间隙尺的示值误差	1年	
400		SY01140009	射线探伤仪	I	JJG 40 X射线探伤机	空气比释动能率，穿透能力，重复性，辐射角，计时器误差，透照灵敏度，图像分辨力，漏射线空气比释动能率	1年	
401		SY01140005	金属超声波探伤仪	I	JJG 746 超声探伤仪	水平线性误差，动态范围，电噪声电平，衰减器衰减误差，垂直线性误差，灵敏度余量，扫描范围，最大使用灵敏度，探伤灵敏度，分辨力	1年	
402		SY01140010	磁粉探伤仪	I	JJF 1273 磁粉探伤机校准规范	绝缘电阻，绝缘强度，周向磁化电流，纵向磁化电流，剩余磁感应强度，观察条件，综合灵敏度	1年	
403		SY01140013	扭矩扳子	I	JJG 707 扭矩扳子	示值相对分辨力，回零误差，示值相对误差，示值重复性	1年	

续上表

序号	项目类别	编号	设备名称	管理类别	依据标准	计量参数	建议检定/校准周期	备注
404	二十三、结构及构件（SY0204）	SY02040001	液压千斤顶	I	JJG 621 液压千斤顶	指示器技术要求，内泄漏，相对分辨力，示值重复性，示值误差，负载效率，内漏误差	6个月	
405		SY02040002	反力架	III	—	—		防变形、防损伤
406		SY02040003	油泵	III	—	—		
407		SY02040004	荷重传感器	I	JJG 391 力传感器	零点输出，零点漂移，长期稳定性，重复性，灵敏度，直线度，滞后	1年	
408		SY01050028	压力传感器	I	JJG 52 弹性元件式一般压力表、压力真空表和真空表；JJG 49 弹性元件式精密压力表	零位误差，示值误差，回程误差，电接点压力表两设定点压力示值之差，带检验指针压力表两次升压示值不连通性，双针双管压力表两指针指示不连通性，氧气压力表禁油要求，零点输出，示值误差，轻敲位移，指针偏转平稳性	一般压力表：检定周期1年；精密压力表：检定周期6个月	
409		SY01050028	压力表	I	JJG 52 弹性元件式一般压力表、压力真空表和真空表；JJG 49 弹性元件式精密压力表	零位误差，示值误差，回程误差，电接点压力表两设定点压力示值之差，带检验指针压力表两次升压示值不连通性，双针双管压力表两指针指示不连通性，氧气压力表禁油要求，零点输出，示值误差，轻敲位移，指针偏转平稳性	一般压力表：1年；精密压力表：6个月	

续上表

序号	项目类别	编号	设备名称	管理类别	依据标准	计量参数	建议检定/校准周期	备注
410	二十三、结构及构件（SY0204）	SY01050012	千分表	I	JJG 21 千分尺	各部件相互作用,测微螺杆的轴向串动和径向摆动,测砧与测微螺杆测量面的相对偏移,测力,刻线宽度及宽度差,指针与刻线盘的相对位置,微分筒锥面的端面与固定套管刻线面的距离,微分筒锥面的端面与固定套管刻线面的相对位置,数显外径千分尺任意位置时数值的示值重复性,测量面的平行度,数显外径千分尺任意位置漂移,两测量面的平行度,示值误差,数显外径千分尺细分误差,校对用量杆	1年	
411		SY01010007	百分表	I	JJG 379 大量程百分表	各部分相互作用,指针和表盘相互位置,指针末端与表盘的刻线宽度,测头,测量面的表面粗糙度,测量力,数显表的示值漂移,示值变动性,测杆受径向力对示值的影响,示值误差,回程误差	1年	
412		SY02040005	静(动)态应力应变测试仪	I	JJG 623 电阻应变仪	静态应力应变测试仪:开关状态,示值误差,示值稳定性,零位漂移,电容平衡范围,灵敏系数(K)示值误差,电阻平衡范围,衰减误差,非线性误差,低通滤波器滤波特性,电阻平衡范围,信噪比,零平衡范围;动态应力应变测试仪:开关状态,示值误差,示值稳定性,零位漂移,示值稳定性,电容平衡范围	1年	

— 66 —

第二章 水运工程试验检测仪器设备检定/校准列表

续上表

序号	项目类别	编号	设备名称	管理类别	依据标准	计量参数	建议检定/校准周期	备注
413		SY02040006	位移计	Ⅰ	JJG 379 大量程百分表 JJG 34 指示表（指针式、数显式）	各部分相互作用，指针和表盘相互位置，指针末端与表盘的刻线线宽度，指针和表盘相对表面粗糙度，测量与数显表面的示值变动性，示值漂移，测头盘表面变动性，示值漂移，测杆受力对示值的影响，指针与刻度盘的相互位置，指针末端宽度和刻线宽度，指针和表盘表面粗糙度，指示表的行程，测量力，重复性，轴套直径，测头-测量面的影响，径向受力对示值的影响，示值漂移	1年	桩基静载仪配套使用的位移计参照 JJG（交通）028 水运工程桩基静载仪检定，其他类型参照相应规程开展
414	二十三、结构及构件（SY0204）	SY01030005	游标卡尺	Ⅰ	JJG 30 通用卡尺	各部分相对位置，标尺标记的平面度，测量面的平面度，宽度和宽度差，测量面的表面粗糙度，测量面的平面度，圆弧，圆弧面的平行度，刀口内量爪内量爪尺寸和平行度，刀口内量爪的平行度，零值误差，示值变动性，漂移，示值误差和细分误差	1年	
415		SY01130002	钢卷尺	Ⅰ	JJG 4 钢卷尺	线纹宽度，零点误差，示值误差	6个月	
416		SY01050029	钢直尺	Ⅰ	JJG 1 钢直尺	尺面平面度，弹性，尺的端边，侧边的直线度，尺的端边与侧边垂直度，侧边厚度，端边与圆弧交处的圆弧半径，线纹宽度及宽度差，示值误差	1年	
417		SY02040007	三维扫描仪	Ⅰ	JJF 1406 地面激光扫描仪校准规范	径向距离示值误差，径向重复性，标靶重复性，空间距离示值误差	1年	

序号	项目类别	编号	设备名称	管理类别	依据标准	计量参数	建议检定/校准周期	备注
418	二十三、结构及构件（SY0204）	SY02040008	全站仪	I	JJG 100 全站型电子速测仪；JJG 703 光电测距仪	基础性调整与校准，水准器轴与竖轴的垂直度，望远镜竖丝铅垂的正确性，照准部旋转的正确性，照准轴对横轴的垂直度，照准误差c，横轴误差i，竖盘指标差I，倾斜补偿器的零位误差，补偿器视轴与竖轴重合度，补偿器的变动范围，补偿镜调焦时视轴的变动误差，一测回水平方向标准偏差，一测回竖直角标准偏差；光学对中器，发射、接收，校准三轴关系的正确性，反射棱镜常数的一致性，调制光相位均匀性，幅相误差，分辨力，周期误差，测尺频率开机特性，温漂特性，加常数标准差，乘常数标准差，测程测距综合标准差重复性	1年	
419		SY02040009	水准仪	I	JJG 425 水准仪	水准器角值，竖轴运转误差，望远镜分划板横丝与竖轴的垂直度，视距乘常数，测微器行差与回程误差，望远镜（义视距线视距离测量误差，视准线在水平面内与数字水准仪视距线视距离测量误差，视准线补偿工作范围，望平误差，望远镜视镜与管状水准泡轴在水平面内投影的平行度（交叉误差），视准线误差（i角），望远镜调焦运行误差，补偿误差及补偿工作范围，双摆位误差，测站单次高差标准差	1年	
420		SY02040010	激光挠度仪	II-2		位移，幅值，时间	1年	
421		SY02040011	测斜仪	II-1	JJG（交通）038 水运工程伺服式测斜仪	分辨力，滞后，重复性，线性度，综合误差	1年	
422		SY02040012	倾角仪	II-1	JJG（交通）038 水运工程伺服式测斜仪	分辨力，滞后，重复性，线性度，综合误差	1年	

— 68 —

续上表

序号	项目类别	编号	设备名称	管理类别	依据标准	计量参数	建议检定/校准周期	备注
423	二十三、结构及构件（SY0204）	SY02040013	GPS	I	JJF 1403 全球导航卫星系统（GNSS）接收机（时间测量型）校准规范	冷启动首次定位时间,热启动首次定位时间,捕获灵敏度,跟踪灵敏度,定位偏差和重捕密度,测速偏差精密度,动态范围,内部噪声水平,内部延迟,天线相位中心稳定性,1PPS定时准确度和稳定度,内部时基频率准确度和确定度	1年	
424		SY02040014	水深测量仪	II-2		水深示值误差,水深重复性	1年	
425		SY02040015	测温传感器	I	JJG 130 工作用玻璃液体温度计	示值稳定度,示值误差,线性度	1年	
426		SY02040016	测温仪	I	JJF 1171 温度巡回检测仪校准规范	显示功能,巡检周期,绝缘电阻,绝缘强度,测量误差	1年	
427		**SY02040001**	**液压千斤顶**	I	JJG 621 液压千斤顶	指示器技术要求,内泄漏,相对分辨力,示值重复性,示值误差,内插误差	6个月	
428	二十四、基桩与地下连续墙（SY0205）	**SY02050001**	**反力架(≥8000kN)**	III	—	—		防变形,防损伤
429		**SY02040003**	**油泵**	III	—	—		按说明书维护
430		**SY02040004**	**荷重传感器**	I	JJG 391 力传感器	零点输出,零点漂移,长期稳定性,重复性,灵敏度,直线度,滞后	1年	

— 69 —

续上表

序号	项目类别	编号	设备名称	管理类别	依据标准	计 量 参 数	建议检定/校准周期	备 注
431	二十四、基桩与地下连续墙（SY0205）	SY01050028	压力传感器	I	JJG 52 弹性元件式一般压力表,压力真空表和真空表 JJG 49 弹性元件式精密压力表和真空表	零位误差,示值误差,回程误差,轻敲位移,指针偏转平稳性,电接点压力表的绝缘电阻,电接点压力表设定点偏差和切换差强度,带检验指针压力表两次升压示值之差,双管双管压力表两指针示值不连通性,氧气压力表禁油要求;压力表两指针示值之差,双针双管或双针单管零位误差,示值误差,回程误差,轻敲位移,指针偏转平稳性	一般压力表:检定周期1年;精密压力表:检定周期6个月	
432		SY01050028	压力表	I	JJG 52 弹性元件式一般压力表,压力真空表和真空表 JJG 49 弹性元件式精密压力表和真空表	零位误差,示值误差,回程误差,轻敲位移,指针偏转平稳性,电接点压力表的绝缘电阻,电接点压力表设定点偏差和切换差强度,带检验指针压力表两次升压示值之差,双管双管压力表两指针示值不连通性,氧气压力表禁油要求;压力表两指针示值之差,双针双管或双针单管零位误差,示值误差,回程误差,轻敲位移,指针偏转平稳性	一般压力表:检定周期1年;精密压力表:检定周期6个月	
433		SY02040006	位移计	I	JJG 379 大量程百分表 JJG 34 指示表(指针式、数显式)	各部分相互作用,指针和表盘相互位置,指针末端与表盘的刻线宽度,测头变动性,示值误差,回程误差,数显表的刻线宽度,轴套直径,测量力,测杆受径向力对示值的影响;各部分相互作用,指针与刻度盘面的相互位置,指示表的表面粗糙度,指针末端与表面的相互位置,测杆受径向受力对示值的影响,示值漂移	1年	桩基静载仪配套使用的位移计参照 JJG（交通）028 水运工程桩基静载检定,其他类型参照相应规程开展

续上表

序号	项目类别	编号	设备名称	管理类别	依据标准	计量参数	建议检定/校准周期	备注
434	二十四、基桩与地下连续墙(SY0205)	SY0101007	百分表	I	JJG 379 大量程百分表	各部分相互作用,指针和表盘相互位置,指针末与表盘的刻线宽度,测头测量面的表面粗糙度,测量力,数显表的示值变动性,示值漂移,测杆受径向力对示值的影响,示值误差,回程误差	1年	
435		SY02050002	静力荷载测试仪	II-1	JJG(交通)028 水运工程桩基静载仪	位移测试,荷载测试	1年	
436		SY02050003	静态应力应变测试仪	I	JJG 623 电阻应变仪	静态应力应变测试仪:开关状态,示值误差,灵敏系数(K)示值误差,零位漂移,示值稳定性,电阻平衡范围,电容平衡范围;动态应力应变测试仪:开关状态,示值误差,标定值误差,衰减误差,频响误差,低通滤波器滤波特性,零位漂移,示值稳定性,信噪比,电阻范围,电容平衡范围	1年	
437		SY02050004	基桩高应变检测仪	II-1	JJG 930 基桩动态测量仪	动测仪的系统参考灵敏度,频率响应特性,幅值非线性度,系统噪声电压,动态范围,时间示值误差,通道一致性,增益误差,微分积分幅值误差,通道间窜扰,动态范围	1年	
438		SY02050005	基桩低应变检测仪	II-1	JJG 930 基桩动态测量仪	动测仪的系统参考灵敏度,频率响应特性,幅值非线性度,系统噪声电压,增益误差,动态范围,时间示值误差,频域幅值误差,通道一致性,微分积分幅值误差,通道间窜扰,动态范围	1年	

续上表

序号	项目类别	编号	设备名称	管理类别	依据标准	计量参数	建议检定/校准周期	备注
439	二十四、基桩与地下连续墙（SY0205）	SY01180002	非金属超声波检测仪	II-1	JJG（交通）027 水运工程 非金属声波检测仪	发射电压幅值稳定度，幅值准确度，空气中声时测量准确度，水介质中声时测量准确度	1年	
440		SY02050006	力传感器	I	JJG 391 力传感器	零点输出，零点漂移，长期稳定性，重复性，灵敏度，直线性，滞后	1年	普通力传感器按国家检定规程检定，配合动测仪等设备进行基桩力应力测量的设备，如应力环等为待编
441		SY02050007	加速度传感器	I	JJG 233 压电加速度计	参考灵敏度幅值，相移，灵敏度频率响应幅值，相移，灵敏度幅值线性度，灵敏度幅值的年稳定度	1年	
442		SY02050008	钻机	III	—	—	1年	按说明书维护
443		SY01020011	压力机	I	JJG 139 拉力、压力和万能试验机	拉伸试验夹持装置的同轴度，零点相对误差，示值重复性相对误差，示值进回程相对误差，相对分辨力，位移示值相对误差，噪声，绝缘电阻	1年	
444		SY01030005	游标卡尺	I	JJG 30 通用卡尺	各部分相互作用，各部分相对位置，标尺标记的宽度和宽度差，测量面的表面粗糙度，测量面的平面度，圆弧，刀口内量爪的平行度，量爪内量爪尺寸和平行度，零值变动性，漂移，示值误差和细分误差	1年	

第二章 水运工程试验检测仪器设备检定/校准列表

续上表

序号	项目类别	编号	设备名称	管理类别	依据标准	计量参数	建议检定/校准周期	备注
445	二十四、基桩与地下连续墙（SY0205）	SY01030006	角尺	I	JJG 7 直角尺	测量面和基面及侧面的表面粗糙度，测量面和基面的平行度，侧面相对于基面的垂直度，测量面的直线度，$\alpha、\beta$ 角测量面相对于基面的垂直度，线纹钢直尺的示值误差	1年	
446		SY01130002	钢卷尺	I	JJG 4 钢卷尺	线纹宽度，零点误差，示值误差	6个月	
447		SY02050009	超声波成孔成槽质量检测仪	II-2	—	尺寸示值误差	1年	
448		SY02050010	高应变锤击装置	III	—	—		按说明书维护
449		SY02050011	钢筋笼测定仪	II-2		测量范围，磁敏元件精度，深度测量分辨力	1年	
450		SY02050002	静力荷载测试仪	II-1	JJG（交通）028 水运工程桩基静载仪	位移测试，荷载测试	1年	
451		SY02040004	荷重传感器	I	JJG 391 力传感器	零点输出，零点漂移，长期稳定性，直线性，重复性，灵敏度，滞后	1年	
452	二十五、地基与基坑（SY0206）	SY01050028	压力传感器	I	JJG 52 弹性元件式一般压力表、压力真空表和真空表 JJG 49 弹性元件式精密压力表和真空表	零位误差，示值误差，回程误差，轻敲位移，指针偏转平稳性，电接点压力表设定点偏差和切换差，电接点压力表的绝缘电阻，带检验指针压力表两次升压示值之差，双针双管压力表两指针示值之差或双针单管压力表两指针不连通性，氧气压力表禁油要求，强度，双针压力表双管不连通，双针双管压力表两次升压示值之差，双针双管压力表两指针示值之差；零位误差，示值误差，回程误差，轻敲位移，指针偏转平稳性	一般压力表：检定周期1年；精密压力表：检定周期6个月	

— 73 —

续上表

序号	项目类别	编号	设备名称	管理类别	依据标准	计量参数	建议检定/校准周期	备注
453	二十五、地基与基坑（SY0206）	SY01050028	压力表	Ⅰ	JJG 52 弹性元件式一般压力表、压力真空表和真空表 JJG 49 弹性元件式精密压力表和真空表	零位误差,示值误差,回程误差,轻敲位移,指针偏转平稳性,电接点压力表设定点偏差和切换差强度,电接点压力表的绝缘电阻,带检验指针压力表两次升压时示值之差,双针双管压力表两指针不连通性,双针双管或双针单管压力表两指针示值之差,氧气压力表禁油要求;零位误差,示值误差,回程误差,轻敲位移,指针偏转平稳性	一般压力表:1年;精密压力表:6个月	
454		SY02040006	位移计	Ⅰ	JJG 379 大量程百分表 JJG 34 指示表（指针式、数显式）	各部分相互作用,指针和表盘相互位置,指针末端与表盘的刻线宽度,测头端面粗糙度,测量力,数显表的示值变动性,示值误差,回程误差;径向力对示值的影响,指针与刻度盘的相互位置,各部分相互作用,指针末端与表盘刻线宽度,测头端面粗糙度,指针末端的表面粗糙度,指示表的行程,测头测量面的表面粗糙度,轴套直径,测量力,重复性,径向受力对示值的影响,示值误差,回程误差,示值漂移	1年	
455		SY02060001	承载板	Ⅲ	—	几何尺寸		按参数内部校准
456		SY02050008	钻机	Ⅲ	—	—		按说明书维护
457		SY02060002	标准贯入仪	Ⅲ	—	质量,几何尺寸		按参数内部校准
458		SY02060003	静力触探仪	Ⅱ-2	—	示值误差,重复性	1年	

续上表

序号	项目类别	编号	设备名称	管理类别	依据标准	计量参数	建议检定/校准周期	备注
459	二十五、地基与基坑（SY0206）	SY02060004	动力触探仪	Ⅲ	—	质量，几何尺寸		按参数内部校准
460		SY02040001	液压千斤顶	Ⅰ	JJG 621 液压千斤顶	指示器技术要求，内泄漏，相对分辨力，示值重复性，示值误差，负载效率，内插误差	6个月	
461		SY02040003	液压油泵	Ⅲ	—	—		
462		SY02040002	反力架	Ⅲ	—	—		防变形，防损伤
463		SY02060005	基准梁	Ⅲ	—	—		防变形，防损伤
464		SY02060006	分层沉降仪	Ⅱ-2	—	线纹宽度，示值误差	1年	
465		SY02040011	测斜仪	Ⅱ-1	JJG（交通）038 水运工程伺服式测斜仪	分辨力，滞后，重复性，线性度，综合误差	1年	
466		SY02060007	水位计	Ⅱ-2	—	测量示值误差	1年	参考 JJG 4 钢卷尺
467		SY02040009	水准仪	Ⅰ	JJG 425 水准仪	水准器角值，竖轴运转误差，望远镜分划板横丝与竖轴的垂直度，视距乘常数，测微器行差与回程差，数字水准仪视距线距离测量误差，视准线与水平面内平误差，望远镜视轴与管状水准泡轴在水平面内投影的平行度（交叉误差），视线误差及补偿工作范围（i 角），望远镜调焦运行误差，补偿误差及补偿工作范围，双摆位误差，测站单次高差标准差	1年	

续上表

序号	项目类别	编号	设备名称	管理类别	依据标准	计量参数	建议检定/校准周期	备注
468	二十五、地基与基坑 (SY0206)	SY02060008	经纬仪	I	JJG 414 光学经纬仪	水准器轴与竖轴的垂直度,照准部旋转正确性,望远镜十字分划板竖丝铅垂度,视准轴与横轴的垂直度,横轴与竖轴的正确性,竖盘指标差,望远镜调焦运行误差,光学对中器对中误差,竖盘指标自动补偿误差,一测回水平方向标准偏差,一测回竖直角测角标准偏差	1年	
469		SY02040008	全站仪	I	JJG 100 全站型电子速测仪 JJG 703 光电测距仪	基础性调整与校准,水准器轴与竖轴的垂直度,望远镜竖丝铅垂度,照准部旋转的正确性,望远镜视准轴与横轴的垂直度,照准轴误差 c,横轴误差 i,倾斜补偿器的零位误差,补偿范围,补偿标准确度,光学对中器视轴与竖轴重合度,望远镜调焦时视轴的变动误差,一测回水平方向标准偏差,一测回竖直角测角标准偏差;光学对中器,发射、接收、校准三轴关系的正确性,反射棱镜常数的一致性,调制光相位均匀性,幅相误差,分辨力,周期误差,测尺频率开机特性,温漂特性,加常数标准差,乘常数标准差,测距综合标准差,重复性,测程测距综合标准差	1年	
470		SY02060009	应变控制式压力试验机	I	JJG 139 拉力、压力和万能试验机	拉伸试验夹持装置的同轴度,示值相对误差,示值重复性相对误差,示值进回程相对误差,相对分辨力,位移示值相对误差,噪声,绝缘电阻	1年	
471		SY01030005	游标卡尺	I	JJG 30 通用卡尺	各部分相互作用,各部分相对位置,标尺标记的宽度和宽度差,测量面表面粗糙度,测量面的平面度,圆弧内内量爪尺寸和平行度,刀口内量爪的平行度,零值变动性,漂移,示值误差和细分误差	1年	

续上表

序号	项目类别	编号	设备名称	管理类别	依据标准	计量参数	建议检定/校准周期	备注
472		SY01030006	角尺	I	JJG 7 直角尺	测量面和基面及侧面的表面粗糙度，测量面和基面及侧面的平面度，侧面相对于基面的平行度，侧面相对于基面的直线度，α，β 角测量面相对于基面的垂直度，测量面相对于基面的垂直度，线纹钢直尺的示值误差	1年	
473		SY01130002	钢卷尺	I	JJG 4 钢卷尺	线纹宽度，零点误差，示值误差	6个月	
474		SY02050005	基桩低应变检测仪	II-1	JJG 930 基桩动态测量仪	动测仪的系统参考灵敏度，频率响应特性，幅值非线性度，系统噪声电压，增益误差，时间示值误差，通道一致性，微、积分幅值误差，通道间串扰，动态范围	1年	
475	二十五、地基与基坑 (SY0206)	SY01090003	灌砂法测定装置	III	—	圆锥体内砂的质量，标准砂的松方密度		按参数内部校准
476		SY02060010	灌水法测定装置	III	—	储水筒直径，刻度，容积		参考 GB/T 50123—1999 土工试验方法标准，按参数内部校准
477		SY02060010	环刀	III	—	内、外直径，高度，壁厚		
478		SY01010010	十字板剪切试验装置	II-2		十字板板头尺寸，测力装置示值误差，重复性	1年	按参数内部校准
479		SY02060012	真空度检测仪	I	JJG 49 弹性元件式精密压力表和真空表	零位误差，示值误差，回程误差，轻敲位移，指针偏转平稳性	1年	

续上表

序号	项目类别	编号	设备名称	管理类别	依据标准	计量参数	建议检定/校准周期	备注
480		SY01140012	轴力计	Ⅰ	JJG 455 工作测力仪	回零误差或最大零点方位偏差,分度数或相对分辨率,力值计量单位(示值误差,分度数或相对示值滞后,重复性,回程示值(进程示值,滞后,重复性,长期稳定性)	1年	
481		SY02060013	应力应变测试仪	Ⅰ	JJF 1469 应变式传感器测量仪校准规范	示值相对分辨力,零点漂移,示值稳定度,示值误差,示值重复性	1年	
482		SY02060014	路面弯沉仪	Ⅱ-1	JJG(交通)025 贝克曼梁路面弯沉仪	测量最大允许误差,指示表精度等级,测头尺寸,杠杆比及误差,挠度	1年	
483		SY02060015	贝克曼梁	Ⅲ	—	—		防变形、防损伤
484	二十五、地基与基坑(SY0206)	SY02060016	K_{30}承压板	Ⅲ	—	几何尺寸		按参数内部校准
485		SY01030001	钻石机	Ⅲ	—	—		清除岩渣,擦净刀片及水渍,加注润滑油
486		SY01030003	磨石机	Ⅲ	—	—		清除岩渣,擦净刀片及水渍,加注润滑油
487		SY01020011	压力机	Ⅰ	JJG 139 拉力、压力和万能试验机	拉伸试验夹持装置的同轴度,示值相对误差,示值重复性相对误差,示值进回程相对误差,零点相对误差,零点漂移,相对分辨力,位移示值误差,噪声,绝缘电阻	1年	

第二章 水运工程试验检测仪器设备检定/校准列表

续上表

序号	项目类别	编号	设备名称	管理类别	依据标准	计量参数	建议检定/校准周期	备注
488	二十五、地基与基坑(SY0206)	SY01030004	砂轮机	Ⅲ	—	—		清除岩渣，擦净刀片及水渍，加注润滑油
489		SY01030008	岩土声波测试仪	Ⅱ-1	JJG(交通)027 水运工程非金属声波检测仪	发射电压幅值稳定度，幅值准确度，空气中声时测量准确度，水介质中声时测量准确度	1年	
490		SY01030009	岩石点荷载仪	Ⅰ	JJG 139 拉力、压力和万能试验机	拉伸试验夹持装置的同轴度，示值相对误差，相对分辨力，示值进回程相对重复性，零点漂移，零点相对误差，噪声，绝缘电阻	1年	
491	二十六、定位定向(SY0301)	SY03010001	GNSS定位仪	Ⅱ-2		定位误差	1年	
492		SY03010002	罗经	Ⅱ-2		艏向示值误差，灵敏度，稳定性	1年	
493		SY03010003	超短基线定位系统	Ⅱ-2		角度示值误差，距离示值误差	1年	
494		SY03010004	长基线定位系统	Ⅱ-2		角度示值误差，距离示值误差	1年	
495	二十七、浪潮流沙(SY0302)	SY03020001	超声波水位计	Ⅱ-1	JJG(交通)034 水运工程超声波水位计	测量范围，分辨力，准确度，盲区，计时准确度，重复性	1年	
496		SY03020002	地下水位计	Ⅱ-1	JJG(交通)033 水运工程地下水位计	水位变幅，分辨力，准确度等级示值误差，回差，重复性，记忆容量	1年	
497		SY03020003	浮子式验潮仪	Ⅱ-1	JJG 587 浮子式验潮仪	浮子水密性，潮高重复性，仪器分辨力，计时装置准确度	2年	
498		SY03020004	压力式验潮仪	Ⅱ-1	JJG 946 压力验潮仪	潮高(水位)示值误差，潮高(水位)鉴别力阈，计时示值误差	2年	

续上表

序号	项目类别	编号	设备名称	管理类别	依据标准	计量参数	建议检定/校准周期	备注
499		SY03020005	重锤式料/液位仪	II-2		测量速度,重复性,分辨力	1年	
500		SY03020006	超声式波浪测量仪	II-2		波高示值误差,波向示值误差,波浪周期示值误差	1年	
501		SY03020007	压力式波浪测量仪	II-2		波高示值误差,波浪周期示值误差	1年	
502		SY03020008	风速仪	I	JJG 613 电接风向风速仪	仪器绝缘性,风杯平衡性,风杯转动情况,风速电接点工作状态,风杯标灵活性,风向标平衡性,风向测量范围,指示误差及电接情况	3年	
503	二十七、浪潮流沙(SY0302)	SY03020009	旋桨式流速仪	II-1	JJG(交通)031 水运工程 旋桨式流速仪	测速范围,准确度,分辨力,全线均方差,起动流速,重复性,流向	1年	
504		SY03020010	超声波流速仪	II-1	JJG(交通)030 水运工程 超声波流速仪	测速范围,准确度,分辨力,重复性	1年	
505		SY03020011	电磁流速仪	II-2		测速范围,流速方向和流速大小准确度,分辨力	1年	
506		SY03020012	直读式海流计	II-2		流向示值误差,流速示值误差	1年	
507		SY03020013	声学多普勒流速剖面仪(ADCP)	II-1	JJG(交通)138 声学多普勒流速剖面仪	流速示值误差,流向示值误差	1年	参考GB/T 24558 声学多普勒流速剖面仪
508		SY03020014	含沙量测定仪	II-2		含沙量测量范围,测量准确度	1年	
509		SY03020015	颗粒分析仪	II-2		粒径范围,分辨力	1年	
510		SY03020016	推移质采样器	III	—	体积		按参数内部校准
511		SY03020017	悬移质采样器	III	—	体积		按参数内部校准

— 80 —

续上表

序号	项目类别	编号	设备名称	管理类别	依据标准	计量参数	建议检定/校准周期	备注
512	二十七、浪潮流沙（SY0302）	SY03020018	测冰仪	Ⅱ-2		系泊试验：压力深度计的深度误差，回声测深仪的发射机输出电功率，接收机电压增益，声速修正装置，测冰仪零位校正；航行试验：深度测量误差，回声测深仪和压力深度计测深差	1年	参考GJB 38.66 常规动力潜艇系泊、航行试验规程 回声测冰仪
513		SY03030001	多波束测深仪	Ⅱ-1	JJG（交通）139 多波束测深仪浅水	分辨力，深度测量准确度，波束角指向性，声源级	1年	
514		SY03030002	回声测深仪	Ⅱ-1	JJG（交通）032 水运工程 回声测深仪	测量范围，准确度，分辨力盲区，重复性，转速偏差	1年	
515	二十八、地形地貌（SY0303）	SY03030003	声速剖面仪	Ⅱ-1	JJG（交通）122 水运工程 声速剖面仪	温度示值误差，水深示值误差，声速示值误差，重复性，盐度示值误差	1年	
516		SY03030004	姿态测量仪	Ⅱ-2		横摇示值误差，纵摇示值误差，上下沉示值误差，艏向示值误差，测量准确度	1年	
517		SY03030005	浅地层剖面仪	Ⅱ-1	JJG（交通）140 水运工程 浅地层剖面仪	垂直分辨力示值误差，水深	1年	
518		SY03030006	侧扫声呐	Ⅱ-2		声源级，波束指向性，成像分辨力	1年	
519		SY03030007	扫描声呐	Ⅱ-2		频率，距离分辨力	1年	
520	二十九、重磁（SY0304）	SY03040001	海洋磁力仪	Ⅱ-2		灵敏度，分辨力	1年	
521		SY03040002	海洋重力仪	Ⅱ-2		重力异常，格值	1年	

注：1.《指导手册》表格中黑体字设备与《公路水运工程试验检测机构等级标准》一致。
2. 本书针对《交通运输部办公厅关于印发〈水运工程试验检测仪器设备检定/校准指导手册〉的通知》（交办安监[2018]33号）"所发布的《指导手册》中的错误进行了部分错误更正，其中对序号为120、308、330和378四种设备的编号进行了修改，其他编辑性错误一并修改。

附录　设备仪器相关信息

本附录基于《水运工程试验检测仪器设备检定/校准指导手册》(交办安监〔2018〕33号)列出共293种仪器,其中水运工程材料类209种,结构类53种,水文地质测绘类31种,将分成29个项目类别进行介绍。附录中的信息包括每种仪器的序号、编号、设备名称、仪器设备照片及用途。

一、材料类

(一)土(SY0101)

序号	编号	设备名称	仪器设备照片	用途
1	SY01010001	土工筛		用于土工试验中物料粒度分布测定分析
2	SY01010002	烘箱		利用热能加热物料,气化物料中的水分。用于烘干物料,或者将温度调整至所需温度
3	SY01010003	天平		用于称量物体质量

续上表

序号	编　号	设　备　名　称	仪器设备照片	用　　途
4	SY01010004	液塑限联合测定仪		用来测定土壤的液限和塑限，为划分土类，计算天然稠度，塑性指数提供可靠的数据，供水运、公路等部门的工程设计和施工之用
5	SY01010005	击实仪		用于测定压实土壤的最佳含水率及最大干密度。按击锤提升动力不同可分为手动击实仪、电动击实仪，按试验方法中土的粒径大小又可分为轻型土工击实仪与重型土工击实仪
6	SY01010006	应变控制式无侧限抗压强度仪		用于测定饱和度较大的软黏土，在侧向不受限制的条件下所受到的轴向压力至试样破损时所受的力，以求得土的无侧限抗压强度。无侧限抗压强度试验也用于确定土的灵敏度
7	SY01010007	百分表		用于测量制件的尺寸和形状、位置误差以及变形量的器具
8	SY01010008	三轴仪		应力应变式无侧限试验，UU、CU、CD等压缩剪切试验

续上表

序号	编号	设备名称	仪器设备照片	用途
9	SY01010009	直剪仪		用于测定土的抗剪强度，通常采用四个试件在不同的垂直压力下，施加剪切力进行剪切，求得破坏时的剪应力，根据库仑定律确定抗剪强度系数、内摩擦角和黏聚力
10	SY01010010	环刀		用来测定土体的压实度
11	SY01010011	灌砂筒		用于在工地测定细粒土、砂类土和砾类土及各种材料压实层的密度和压实度
12	SY01010012	比重瓶		测量液体比重的玻璃器具，也包括可用于测定固体粉末的比重瓶
13	SY01010013	密度计		测量流体密度的物性分析仪器

附录　设备仪器相关信息

续上表

序号	编　号	设　备　名　称	仪器设备照片	用　　途
14	SY01010015	承载比贯入仪		适用于各种土和混合料(粒径小于40mm的土)在规定的试模筒内压实后进行承载比试验,以确定所设计的路面、路面基层、路基材料层的承载能力
15	SY01010016	电动脱模器		用于把标准试模筒中制好的试验用试件(通常是沥青混凝土、各类击实样、无侧限试件)从标准试模筒中分离
16	SY01010017	渗透仪		用于测定黏质土在变水头下渗透试验
17	SY01010018	固结仪		用于测定在不同载荷和有侧限的条件下土的压缩性能,可以进行正常慢固结试验和快速固结试验,测定前期固结压力和固结系数
18	SY01010019	弹簧秤附着力仪		用于测量土的附着力

— 85 —

续上表

序号	编号	设备名称	仪器设备照片	用途
19	SY01010020	休止角测定仪		用于粉末粉体及颗粒材料休止角的检测

(二)集料(SY0102)

序号	编号	设备名称	仪器设备照片	用途
1	SY01020001	砂筛		用于集料试验中细集料粒度分布测定分析
2	SY01020002	石筛		用于集料试验中粗集料粒度分布测定分析
3	SY01020003	摇筛机		用于对颗粒状物、粉状物料的粒度结构及杂物量的振动筛分检验

续上表

序号	编号	设备名称	仪器设备照片	用途
4	SY01020004	电子秤		电子秤是衡器的一种,是利用胡克定律或力的杠杆平衡原理测定物体质量的工具
5	SY01020005	容量筒		应用于混凝土骨料堆积密度、混凝土及砂浆表观密度试验及配合比分析试验
6	SY01020006	容量瓶		主要用于细骨料表观密度试验
7	SY01020007	滴定设备		用于滴定分析法,根据所用试剂溶液的浓度和体积可以求得被测组分的含量
8	SY01020008	测长仪		用于测量线纹距离的精密长度测量工具

续上表

序号	编号	设备名称	仪器设备照片	用途
9	SY01020009	碱骨料试验箱		用于对混凝土长期耐久性进行碱骨料反应试验
10	SY01020010	水泥胶砂搅拌机		用于把测量水泥强度试验用的试验品搅拌均匀
11	SY01020011	压力试验机		用于混凝土、水泥胶砂抗压强度、岩石抗压强度试验
12	SY01020012	针、片状规准仪		用于混凝土骨料的针状颗粒和片状颗粒分级筛选
13	SY01020013	压碎指标测定仪		用于衡量石料在逐渐增加的荷载下抵抗压碎的能力

续上表

序号	编号	设备名称	仪器设备照片	用途
14	SY01020014	浸水天平		用于固体样品密度、体积测试
15	SY01020015	高温炉		用于对材料进行加温、热处理
16	SY01020016	比重计		根据阿基米德定律和物体浮在液面上平衡的条件,用于测定液体密度的一种仪器
17	SY01020017	叶轮搅拌器		用于测量细集料中是否存在膨胀性黏土矿物,并测定其含量,以评定集料的洁净程度

（三）岩石（SY0103）

序号	编号	设备名称	仪器设备照片	用途
1	SY01030001	钻石机		用于钢筋混凝土、岩石（湿钻）等钻孔设备
2	SY01030002	锯石机		用于切割石材的机器
3	SY01030003	磨石机		用于各类岩矿石、混凝土等非金属固体进行测试的标准样品制作
4	SY01030004	砂轮机		砂轮机是用来刃磨各种刀具、工具的常用设备，也用作普通小零件进行磨削、去毛刺及清理等工作
5	SY01030005	游标卡尺		用于长度、内外径及深度的测量

续上表

序号	编　号	设　备　名　称	仪器设备照片	用　　途
6	SY01030006	角尺		主要用于画垂直线、平行线,卡方(检查垂直面)和检查表面平直情况
7	SY01030007	水中称量装置		采用阿基米德原理浮力法,准确、直读量测数值
8	SY01030008	岩石超声波参数测定仪		以岩石力学特性为基础,研究超声波在岩体(岩石)的传播规律,借以了解岩体(岩石)的动弹力学状态及其结构特征
9	SY01030009	点荷载试验仪		用于在点荷载下测试岩石、混凝土或其他天然建筑材料的抗压强度

(四)水泥(SY0104)

序号	编号	设备名称	仪器设备照片	用途
1	SY01040001	水泥胶砂振实台		用于水泥胶砂试件制备时的振实成型
2	SY01040002	水泥净浆搅拌机		用于测定水泥标准稠度、凝结时间及制作安定性试块
3	SY01040003	标准恒温恒湿养护箱		用于水泥及水泥混凝土样品标准养护
4	SY01040004	维卡仪		用于检测水泥净浆的标准稠度用水量、凝结时间
5	SY01040005	雷氏夹膨胀测定仪		用于检验雷氏夹弹性要求,测定将标准稠度的水泥净浆填满雷氏夹环模中经养护及沸煮一定时间后的膨胀值

附录　设备仪器相关信息

续上表

序号	编　号	设备名称	仪器设备照片	用　途
6	SY01040006	沸煮箱		用于检测水运安定性
7	SY01040007	水泥胶砂抗压强度试验机		用于水泥、胶砂试件的抗压测试及研究
8	SY01040008	水泥胶砂抗折强度试验机		用于水泥、胶砂试件的抗折测试及研究
9	SY01040009	胶砂流动度测定仪		主要用于水泥胶砂流动度试验
10	SY01040010	滴定装置		在水运工程相关化学试验中,用于品质分析、测定

— 93 —

续上表

序号	编号	设备名称	仪器设备照片	用途
11	SY01040011	火焰光度计		以火焰作为激发光源，并应用光电检测系统来测量被激发元素由激发态回到基态时发射的辐射强度，根据其特征光谱及光波强度判断元素类别及其含量
12	SY01040012	勃氏比表面积测定仪		主要用于测定水泥、粒化高炉矿渣粉的比表面积，也可用于测定陶瓷、磨料、火药等粉状物料的比表面积
13	SY01040013	负压筛析仪（含试验筛）		主要用于测定水泥、粉煤灰等材料在一定负压下通过试验筛后的筛余量，以确定水泥、粉煤灰等的颗粒细度
14	SY01040014	秒表		用于计时
15	SY01040015	原子吸收光谱仪		用于测定多种元素，火焰原子吸收光谱法可测到 10^{-9} g/mL 数量级，石墨炉原子吸收法可测到 10^{-13} g/mL 数量级

续上表

序号	编号	设备名称	仪器设备照片	用途
16	SY01040016	分光光度计		用于将成分复杂的光,分解为光谱线
17	SY01040017	水泥水化热测定装置		适用于多种水泥的任何水化龄期的水化热测定

(五)水泥混凝土、砂浆(SY0105)

序号	编号	设备名称	仪器设备照片	用途
1	SY01050001	混凝土搅拌机		用于试验检测机构在室内进行干硬性混凝土、塑性混凝土、流动性混凝土、轻骨料混凝土和各种砂浆的搅拌
2	SY01050002	混凝土试模		用于混凝土试块成型
3	SY01050003	振动台		混凝土拌合物性能及力学性能试件成型、墙体材料抗压试件成型

续上表

序号	编号	设备名称	仪器设备照片	用途
4	SY01050004	标准养护室		用于混凝土试块、水泥砂浆试块的恒温恒湿标准养护
5	SY01050005	维勃稠度仪		适用于粒径不大于40mm，坍落度小于10mm，维勃稠度值在5~30s之间的干硬性混凝土的测定
6	SY01050006	贯入阻力仪		用于混凝土拌合物凝结时间试验
7	SY01050007	坍落度仪		用于测定塑性混凝土的坍落度
8	SY01050008	含气量测定仪		用于测量混凝土骨料及拌合物中空气含量

续上表

序号	编号	设备名称	仪器设备照片	用途
9	SY01050009	泌水率筒		用于测定水泥浆的泌水率和膨胀率试验
10	SY01050010	混凝土抗折试验机		用于混凝土的抗折测试及研究
11	SY01050011	混凝土弹性模量测定装置		用于测定混凝土棱柱体或圆柱体试件的静力受压弹性模量
12	SY01050012	千分表		用于对长度和位移等几何量进行精密测量,也可配以适当转换器间接测量压力、硬度、重量、液位、应力、应变等
13	SY01050013	混凝土与钢筋握裹力试验装置		用于测试混凝土对钢筋握裹力大小

续上表

序号	编号	设备名称	仪器设备照片	用途
14	SY01050014	抗渗仪		用于混凝土抗渗性能的试验和抗渗等级的测定
15	SY01050015	阳极极化仪		用于阴、阳极极化仪曲线的测定；阳极极化仪极化电阻的测定；点蚀电位和再活化电位的测定；钝化电位、钝化电流、过钝化电位的测定；混凝土外加剂钢筋锈蚀快速试验等电学试验
16	SY01050016	铜-硫酸铜电极		用来测量自然电位和保护电位
17	SY01050017	混凝土拌合物氯离子测定装置		用于快速检测混凝土拌合物、砂、水泥等无机材料的水溶性氯离子含量
18	SY01050018	直流稳压电源		用于为负载提供稳定直流电源的电子装置

续上表

序号	编　号	设　备　名　称	仪器设备照片	用　　途
19	SY01050019	电流表		用来测量交、直流电路中电流的仪表
20	SY01050020	真空泵		利用机械、物理、化学或物理化学的方法对被抽容器进行抽气而获得真空的器件或设备
21	SY01050021	电通量试验装置		用于测量6h通过混凝土试件的电量值来确定混凝土抗氯离子渗透性能，也可用于评价混凝土的密实程度
22	SY01050022	电迁移法试验装置		用于定量评价混凝土抵抗氯离子扩散的能力
23	SY01050023	砂浆稠度仪		用于确定配合比或施工过程中控制砂浆的稠度，以达到控制用水量的目的

续上表

序号	编号	设备名称	仪器设备照片	用途
24	SY01050024	砂浆搅拌机		用于将水泥、砂石骨料和水等混合并拌制成砂浆混合料的机械
25	SY01050025	砂浆试模		用于取样做砂浆试块以备试验
26	SY01050026	圆环试模		用于砂浆保水率测试
27	SY01050027	砂浆凝结时间测定仪		适用于测定墙面砂浆和以贯入阻力表示的凝结速度和凝结时间
28	SY01050028	压力表		用来测量压力的仪表

续上表

序号	编　号	设　备　名　称	仪器设备照片	用　　途
29	SY01050029	钢直尺		用于测量零件的长度尺寸
30	SY01050030	调速搅拌机		可设定不同档位电子调速，适用于涂料、砂浆及泥灰等搅拌作业
31	SY01050031	流动度测定仪		用于测定火山灰质硅酸盐水泥、砌筑水泥的胶砂流动数值，以确定水泥胶砂标准稠度之用水量
32	SY01050032	膨胀率试验仪		用于水泥混凝土、灌浆材料等膨胀率测定
33	SY01050033	砂浆收缩仪		用来测定砂浆的收缩变形量，以确定其收缩系数

续上表

序号	编号	设备名称	仪器设备照片	用途
34	SY01050034	砂浆渗透仪		用于测定防水砂浆抗渗性能，能够进行掺有防水剂的砂浆与基准砂浆的对比试验
35	SY01050035	抗渗试模		用于制备混凝土及砂浆抗渗试块
36	SY01050036	冻融设备		用于测定混凝土、砂浆等的抗冻性能或确定其抗冻等级
37	SY01050037	动弹性模量测定仪		用于测量水运工程中所使用混凝土、碳素、石板、玻璃、砖、塑料和金属材料的动弹性模量
38	SY01050038	拉力试验机		用于水运工程中使用材料进行拉力试验、压力试验、剥离试验、撕裂试验、剪弯试验

(六)水(SY0106)

序号	编号	设备名称	仪器设备照片	用途
1	SY01060002	酸度计		用于取样测定溶液酸碱度和测量电极电位
2	SY01060003	全玻璃微孔滤膜过滤器		用于滤除微粒和细菌,以及对水质进行分析测定
3	SY01060004	铂皿		铂金坩埚具有较高的化学稳定性和良好的耐腐蚀性。用于各种需要耐腐蚀的试验

(七)外加剂(SY0107)

序号	编号	设备名称	仪器设备照片	用途
1	SY01070001	压力泌水仪		主要用于测试泵送混凝土在一定压力状态下的泌水量,进而计算泌水率比。用于骨料粒径不大于40mm的混凝土拌合物压力泌水测定
2	SY01070002	试验筛		用于对物质颗粒的粒度分级、粒度检测的工具

续上表

序号	编号	设备名称	仪器设备照片	用途
3	SY01070003	混凝土收缩仪		用于测定混凝土试件在规定的温湿度条件下的长度(体积)变化
4	SY01070004	接触法引伸仪		主要用来测量金属材料和一些非金属材料的某些机械力学性能。可配合万能试验机来测定材料的位移或应变,通过换算可求得材料的弹性模具及屈服强度
5	SY01070005	钢筋锈蚀测量仪		根据钢筋锈蚀过程中产生的电位,来判断钢筋是否锈蚀或锈蚀状况的仪器
6	SY01070006	饱和甘汞参比电极		借用汞和甘汞与饱和KCL溶液组成的电极作为参考电极来测定电极的相对电动势值
7	SY01070007	膨胀剂限制膨胀率测定仪		用于膨胀剂限制膨胀率检测

续上表

序号	编号	设备名称	仪器设备照片	用途
8	SY01070008	电解池试验装置		将电能转化为化学能的一种装置,使电流通过电解质溶液或熔融电解质而在阴、阳两级引起还原氧化反应的过程
9	SY01070009	砂浆扩展度筒		用于检验各类含碱水组分的混凝土外加剂与混凝土其他原材料的相容性

(八)掺和料(SY0108)

序号	编号	设备名称	仪器设备照片	用途
1	SY01080001	铂坩埚		铂金坩埚具有较高的化学稳定性和良好的耐腐蚀性。被广泛应用于试验室中各种需耐腐蚀性的试验
2	SY01080002	游离氧化钙测定仪		游离氧化钙测定仪采用乙二醇萃取苯甲酸直接滴定法,在特定的条件下,只需3min,快速准确测定出游离氧化钙含量

(九)无机结合料稳定材料(SY0109)

序号	编号	设备名称	仪器设备照片	用途
1	SY01090001	路面材料强度仪		用于进行水泥和石灰稳定土的抗压强度、劈裂强度、回弹模量等试验,沥青混凝土的马歇尔试验,路基土和多种路面材料的承载比(CBR)试验等

续上表

序号	编号	设备名称	仪器设备照片	用途
2	SY01090002	集料筛		标准筛筛孔为正方形或圆形,适用于集料粒度分布测定分析
3	SY01090003	灌砂法装置		用于测定路基、路面(砂石)的密度和压实度
4	SY01090004	生石灰浆渣测定仪		用于测量生石灰产浆量和未消化残渣含量
5	SY01090005	直读式测钙仪		用于测量石灰剂量、水泥剂量及石灰中的有效氧化钙含量

(十)沥青(SY0110)

序号	编号	设备名称	仪器设备照片	用途
1	SY01100001	软化点仪		适用于测定道路石油沥青、聚合物改性沥青的软化点,也适用于测定液体石油沥青、煤沥青蒸馏残留物或乳化沥青蒸发残留物的软化点

续上表

序号	编号	设备名称	仪器设备照片	用途
2	SY01100002	延度仪		用于测量试样在断开时的最大塑性变形试验及改性沥青等材料的延伸试验
3	SY01100003	针入度仪		适用于测定道路石油沥青、聚合物改性沥青针入度及液体石油沥青蒸馏或乳化沥青蒸发后残留物的针入度
4	SY01100004	恒温水槽		用于控制温度的变化,最终达到一个恒温的作用

(十一) 修补加固材料(SY0111)

序号	编号	设备名称	仪器设备照片	用途
1	SY01110001	恒温恒湿箱		用于混凝土或砂浆试件的恒温恒湿养护
2	SY01110002	混凝土V型仪		用于检测混凝土的粘稠性和抗离析性

— 107 —

续上表

序号	编号	设备名称	仪器设备照片	用途
3	SY01110003	混凝土L型仪		用于评价自密实混凝土越过密集钢筋的能力
4	SY01110004	喷射混凝土抗压强度试件专用模具		用于喷射混凝土试块成型
5	SY01110005	砂浆抗拉和粘结抗拉强度试验装置(8字模和抗拉试验夹具)		用于砂浆的抗拉测试样品的成型
6	SY01110006	三联试模		用于制作砂浆立方体试块以测试抗压强度
7	SY01110007	正拉粘结强度试验装置		通过正拉方法测定材料粘结强度、变形率,拉断力及抗撕裂等性能

续上表

序号	编号	设 备 名 称	仪器设备照片	用 途
8	SY01110008	三联试模（带凹槽）		用于修补砂浆干缩值测试
9	SY01110009	砂浆干缩仪		用于检测泥砂浆干缩试件的收缩膨胀大小
10	SY01110010	比长仪		比长仪以不接触光学定位方法瞄准被测长度，是用来测量线纹距离的精密长度测量工具
11	SY01110011	弓形螺旋测微计		用来测量细微长度的工具，可以准确到0.01mm，测量范围为几厘米

（十二）土工合成材料（SY0112）

序号	编号	设 备 名 称	仪器设备照片	用 途
1	SY01120001	CBR顶破试验装置		用于检测土工合成材料CBR顶破强度

续上表

序号	编号	设备名称	仪器设备照片	用途
2	SY01120002	刺破试验装置		用于交通、水利、隧道、建筑工程等行业中土工合成材料,包括土工织物、复合土工织物、土工格栅、土工膜及有关产品的刺破强力等性能的测试
3	SY01120003	纵向通水量试验仪		用于测定塑料排水板的透水性能
4	SY01120004	渗透仪(土工合成材料)		用于测定土工布及其相关产品的垂直渗透性能
5	SY01120005	摇筛机(土工合成材料)		适用于公路、水运检测实验室或化学室对土工合成材料等效孔径进行筛分析
6	SY01120006	标准颗粒材料		用于孔径测定试验

续上表

序号	编号	设备名称	仪器设备照片	用途
7	SY01120007	测厚仪		用于测量土工合成材料在规定压力下的厚度
8	SY01120008	动态穿孔试验装置		用于测定土工布及其有关产品抵抗从固定高度落下的钢锥穿透的能力
9	SY01120009	耐静水压测定装置		适用于各类土工防渗材料防渗性的测量
10	SY01120010	氙弧灯试验装置		通过材料试样暴露在氙弧灯的光照及热辐射下进行老化试验，来评估在高温光源作用下某些材料的耐光、耐候性能
11	SY01120011	荧光紫外线实验装置		利用荧光紫外线灯模拟阳光照射的效果，将被测试材料放置于一定温度下的光照中进行测试的试验装置

续上表

序号	编号	设 备 名 称	仪器设备照片	用　　途
12	SY01120012	抗氧化烘箱		用于聚丙烯和聚乙烯类土工布及其有关产品抗氧化性能测试

(十三)预应力波纹管(SY0113)

序号	编号	设 备 名 称	仪器设备照片	用　　途
1	SY01130001	π尺		用于圆周周长及直径的测量
2	SY01130002	钢卷尺		用于测量长度的尺子
3	SY01130003	压缩试验机(具测量试样内径变形功能)		用于金属、非金属的拉伸、压缩、弯曲和剪切试验的机器
4	SY01130004	万能试验机		可用于水运工程中混凝土及其他材料的拉力试验、压力试验、撕裂试验、剪弯试验

附录　设备仪器相关信息

续上表

序号	编　号	设 备 名 称	仪器设备照片	用　　途
5	SY01130005	柔韧性测定弧形模板		用于预应力混凝土桥梁用塑料波纹管柔韧性试验
6	SY01130006	塞规		用于检测孔径
7	SY01130007	落锤冲击仪		主要用于塑料、金属板材和复合材料的耐外冲击性能测试
8	SY01130008	差示扫描量热仪		用于高分子材料的固化反应温度和热效应、物质相变温度及其热效应测定，高聚物材料的结晶、熔融温度及其热效应测定，测量高聚物材料的玻璃化转变温度
9	SY01130009	拉力计		用于各种材料推拉力负荷测试、插拔力测试、破坏试验等

— 113 —

续上表

序号	编号	设备名称	仪器设备照片	用途
10	SY01130010	砝码		用于测定其他物体的质量，具有给定质量和规定形状的实物量具

（十四）钢材与连接接头（SY0114）

序号	编号	设备名称	仪器设备照片	用途
1	SY01140001	弯曲试验机		适用于钢筋进行冷弯试验和平面反向弯曲试验
2	SY01140002	引伸计		引伸计是用来测量构件及其他物体两点之间线变形的一种仪器
3	SY01140003	冷弯冲头		用于钢筋弯曲试验的一种试验器具
4	SY01140004	标准打点机		用于金属板材、棒材、线材等拉伸试验时试样原始标距 N 等分标注，结合平行长度进行有效的逐点标注，试样拉伸断裂后结合相应的仪器测量出对应标注点的伸长变化量，通过相应的计算公式得出试样的断后伸长率

— 114 —

续上表

序号	编　号	设 备 名 称	仪器设备照片	用　　途
5	SY01140005-a	碳硫测定装置		适用于对金属、矿石、陶瓷及其他无机物中碳、硫含量作宽范围的测定
6	SY01140006	超声焊缝探伤仪		用于对工件内部多种缺陷（裂纹、夹杂、气孔等）的检测、定位、评估和诊断
7	SY01140007	洛氏硬度计		用于金属材料洛氏硬度的测定
8	SY01140008	布氏硬度计		用于铸铁、钢材、有色金属及软合金等材料的硬度试验，反映出材料的综合性能，不受试样组织显微偏析及成分不均匀的影响
9	SY01140009	X光焊缝探伤仪		利用X射线检测材料内部及焊缝缺陷情况的仪器

续上表

序号	编号	设备名称	仪器设备照片	用途
10	SY01140010	磁粉探伤仪		用于湿磁粉法检测零件、材料的表面及近表面裂纹及细微缺陷
11	SY01140011	着色渗透探伤剂		用于黑色和有色金属材料及机加工件等表面缺陷的检查,可检查出裂纹、冷隔、夹杂、疏松、折叠、气孔等缺陷
12	SY01140012	轴力计		主要应用于长期测量基础对上部结构的反力、钢支撑轴力及静压桩试验时的荷载
13	SY01140013	扭矩扳手		用于螺纹紧固扭矩测量
14	SY01140014	抗滑移系数检测仪		用于进行大六角头高强螺栓连接副(M16~M30)和扭剪型高强螺栓连接副(M16~M27)的滑移系数检测

续上表

序号	编号	设备名称	仪器设备照片	用途
15	SY01140015	专用螺栓抗拉夹具		通过不同方式的组合，可以进行螺栓楔负载试验和普通拉力试验、螺栓保证及最小拉力荷载试验、螺母保证荷载试验
16	SY01140016	电动反向弯曲机		对钢筋进行冷弯试验和平面反向弯曲试验的一种工艺设备
17	SY01140017	反复弯曲试验机		用于对金属线材进行反复弯曲试验，以检验金属线材在反复弯曲中承受塑性变形的性能及显示出的缺陷

（十五）钢绞线与锚具、夹具、连接器（SY0115）

序号	编号	设备名称	仪器设备照片	用途
1	SY01150001	静载锚固试验机		对预应力筋用锚具、夹具和连接器进行性能检测的器具
2	SY01150002	松弛试验机		用于预应力钢绞线应力松弛性能测定

(十六) 砖 (SY0116)

序号	编号	设备名称	仪器设备照片	用途
1	SY01160001	砖用卡尺		用于砖外形尺寸、弯曲、杂质凸出的测量
2	SY01160002	抗折装置		用于抗折强度试验
3	SY01160003	冷冻设备		可人为控制和保持稳定低温的设施
4	SY01160004	耐磨试验机		用于滚动法测定无机地面材料耐磨性能

(十七) 混凝土与钢筋表面防腐 (SY0117)

序号	编号	设备名称	仪器设备照片	用途
1	SY01170001	涂层抗氯离子渗透试验装置		用于测定氯离子传过涂层片的渗透量

续上表

序号	编号	设备名称	仪器设备照片	用途
2	SY01170002	拉脱式涂层粘结力测定仪		用于测量混凝土表面涂层粘结力
3	SY01170003	湿膜厚度规		用作对于新涂装的涂料进行湿膜厚度的测量
4	SY01170004	超声波测厚仪		利用超声波反射原理测量混凝土厚度
5	SY01170005	显微镜式测厚仪		利用光学显微原理测量混凝土表面涂层厚度
6	SY01170006	取芯机		用于对沥青路面和混凝土钻孔或取芯

续上表

序号	编号	设备名称	仪器设备照片	用途
7	SY01170007	气相色谱仪		用于分析各相组分以及组分含量
8	SY01170008	热裂解仪		用于脉冲热裂解工作，或者比较低的控制速率加热用于程序分析
9	SY01170009	专用试模		用于试块成型
10	SY01170010	低压海绵检漏仪		用于测量导电基体上 500μm 以下的绝缘涂层的针孔、缝隙、破损等缺陷
11	SY01170011	钢筋弯曲试验机		用于对钢筋进行冷弯试验和平面反向弯曲试验

续上表

序号	编　号	设　备　名　称	仪器设备照片	用　　途
12	SY01170012	磁吸力脱离测厚仪		利用卡夫永久磁漆与磁性底材之间磁吸力所需的力来测量涂膜厚度
13	SY01170013	诱导磁性测厚仪		用于测定铁磁金属表面上的喷铝层、塑料层、电镀层、磷化层、油漆层等厚度
14	SY01170014	磁通量测厚仪		根据磁感应原理无损伤地检测磁性金属基体上非磁性覆层的厚度
15	SY01170015	涡流测厚仪		用于检测各种非磁性金属基体上非导电覆盖层的厚度
16	SY01170016	研磨设备		用于混凝土表面研磨,检测硅烷浸渍深度

(十八)混凝土结构(SY0118)

序号	编号	设 备 名 称	仪器设备照片	用　　途
1	SY01180001	回弹仪		用于测量一般建筑构件、桥梁及各种混凝土构件(板、梁、柱、桥架)的强度
2	SY01180002	非金属超声波检测仪		用于检测混凝土的强度、裂缝深度、混凝土匀质性、损伤层厚度、桩身完整性、结构内部缺陷、钢管混凝土内部缺陷
3	SY01180003	切割机		用于切割材料
4	SY01180004	端面磨平设备		用于对切割后的标本进行两端平面磨平
5	SY01180005	钢筋保护层测定仪		用于检测现有钢筋混凝土或新建钢筋混凝土内部钢筋直径、位置、钢筋分布及钢筋的混凝土保护层厚度

续上表

序号	编　号	设　备　名　称	仪器设备照片	用　　途
6	SY01180006	碳化深度测定仪		用于检测混凝土碳化深度的仪器
7	SY01180007	裂缝宽度测试仪		用于测量房屋、道路、桥梁、水工结构等混凝土建筑中的裂缝宽度

(十九)钢结构防腐(SY0119)

序号	编　号	设　备　名　称	仪器设备照片	用　　途
1	SY01190002	参比电极		测量各种电极电势时作为参照比较的电极
2	SY01190003	高内阻万用表		用于测量直流电流、直流电压、交流电流、交流电压、电阻和音频电平等,有的还可以测交流电流、电容量、电感量及半导体的一些参数(如 β)等
3	SY01190004	涂层磁性测厚仪		用于导磁材料上的非导磁层厚度测量

续上表

序号	编号	设备名称	仪器设备照片	用途
4	SY01190005	钢板超声波测厚仪		基于超声波测量原理测量金属及其他多种材料的厚度
5	SY01190006	粗糙度仪		用于金属与非金属被测零件表面粗糙度的检测
6	SY01190007	划格器		用于有机涂料划格法附着力的测定
7	SY01190008	涂层附着力拉拔试验装置		适用于有机涂料拉开法附着力的测定

二、结构类

（一）混凝土结构（SY0201）

序号	编号	设备名称	仪器设备照片	用途
1	SY02010001	塞尺		用于测量间隙尺寸

续上表

序号	编号	设备名称	仪器设备照片	用途
2	SY02010002	抗氯离子渗透试验装置		用于测定氯离子穿过涂层片的渗透量
3	SY02010003	电通量测定仪		用于确定混凝土抗氯离子渗透性能,也可用于评价混凝土的密实程度
4	SY02010004	氯离子扩散系数测定仪		用来测定混凝土氯离子非稳态快速迁移的扩散系数,定量评价混凝土抵抗氯离子扩散的能力
5	SY02010005	电位测量仪(酸度计或电位计)		用于电位测量

(二)混凝土与钢筋表面防腐(SY0202)

序号	编号	设备名称	仪器设备照片	用途
1	SY02020001	涂层测厚仪		用于无损地测量非磁性金属基体上非导电覆层的厚度

续上表

序号	编　号	设　备　名　称	仪器设备照片	用　　途
2	SY02020002	抗碱性试验装置		用于开展涂膜对碱浸蚀的抵抗能力等耐碱性检测
3	SY02020003	试验槽		用于装置溶液
4	SY02020004	湿海绵针孔漏点检测仪		用于检测涂层中的漏点、针孔等缺陷
5	SY02020005	温度计		可以准确地判断和测量温度的工具，分为指针温度计和数字温度计

(三)钢结构与钢结构防腐(SY0203)

序号	编号	设备名称	仪器设备照片	用途
1	SY02030001	焊缝量规		用于测量焊缝咬边深度、补强盖尺寸、角焊缝焊脚长度等

(四)结构及构件(SY0204)

序号	编号	设备名称	仪器设备照片	用途
1	SY02040001	液压千斤顶		用于结构试验荷载加载等
2	SY02040002	反力架		用于千斤顶的校验,也可用于大型混凝土构件、大型工件等各种材料的抗压检测
3	SY02040003	油泵		油泵配合千斤顶可实现顶、推、拉、挤压等多种形式的作业

续上表

序号	编号	设备名称	仪器设备照片	用途
4	SY02040004	荷重传感器		通过检验受力载体所受的载荷来完成对物体受力的测量的传感器
5	SY02040005	静（动）态应力应变测试仪		应用于结构静载荷试验、安全和健康状态测试、疲劳测试
6	SY02040006	位移计		用于测量结构建筑物发生的挠度变形
7	SY02040007	三维扫描仪		用来侦测并分析结构与构件的几何构造
8	SY02040008	全站仪		用于测量水平角、垂直角、距离（斜距、平距）、高差

续上表

序号	编号	设备名称	仪器设备照片	用途
9	SY02040009	水准仪		用于测定地面两点间高差
10	SY02040010	激光挠度仪		用于各种桥梁静态、动态挠曲度的测量,或大型结构建筑物的变形及震动位移的检测
11	SY02040011	测斜仪		用于测量钻孔、基坑、地基基础、墙体和坝体坡等工程构筑物的顶角、方位角
12	SY02040012	倾角仪		用于水平角度、相对角度、倾角测量
13	SY02040013	GPS		通过RTK和静态等测量各测点的空间位置

续上表

序号	编号	设备名称	仪器设备照片	用途
14	SY02040014	水深测量仪		适用于江河湖泊、水库航道、港口码头、沿海、深海的水下断面和水下地形测量以及导航、水下物探等诸多水域的水深测量仪器
15	SY02040015	测温传感器		基于金属导体的电阻值随温度的增加而增加这一特征来进行温度测量
16	SY02040016	测温仪		用红外线传输数字的原理来感应物体表面温度

(五)基桩与地下连续墙(SY0205)

序号	编号	设备名称	仪器设备照片	用途
1	SY02050001	反力架(≥8000kN)		主要用于千斤顶的校验,也可用于大型混凝土构件、大型工件等各种材料的抗压检测

续上表

序号	编号	设备名称	仪器设备照片	用途
2	SY02050002	静力荷载测试仪		用于单桩、地基、基岩、群桩抗压静载试验,单桩、锚桩、锚杆抗拔静载试验和楼板、桥梁、孔底静载试验
3	SY02050003	静态应力应变测试仪		在非破坏的情况下,用于对结构的荷载及材料的变形等非电量进行电测的仪器
4	SY02050004	基桩高应变检测仪		用于基桩高应变承载力和桩身完整性检测及预制桩打入时的桩身应力监测
5	SY02050005	基桩低应变检测仪		用于检验桩身结构的完整性,如桩身缺陷位置判断、施工桩长校对和混凝土强度等级定性估计等以及基桩低应变反射波法完整性检测
6	SY02050006	力传感器		力传感器是将力的量值转换为相关电信号的器件,用于检测张力、拉力、压力、重量、扭矩、内应力和应变等力学量

续上表

序号	编号	设备名称	仪器设备照片	用途
7	SY02050007	加速度传感器		加速度传感器是一种能够测量加速力的电子设备。应用于振动、冲击等动态试验
8	SY02050008	钻机		用于在桩基上钻孔埋设力传感器及加速度传感器
9	SY02050009	超声波成孔成槽质量检测仪		用于钻孔灌注桩成孔孔径、地形连续墙槽宽、垂直度、垮塌扩缩径位置和倾斜方位检测
10	SY02050010	高应变锤击装置		用于单桩竖向抗压承载力和桩身完整性进行判定的检测
11	SY02050011	钢筋笼测定仪		用于灌注桩内钢筋笼的埋设长度检测

(六)地基与基坑(SY0206)

序号	编号	设备名称	仪器设备照片	用途
1	SY02060001	承载板		利用逐级加载、卸载的方法,测出每级荷载下相应的土基回弹变形值,经过计算求得土基回弹模量
2	SY02060002	标准贯入仪		用于判定地基土的物理力学性质,判定地基土的均匀性,主要包括轻型、中型、重型和超重型四类
3	SY02060003	静力触探仪		用于静力测量土层锥尖阻力
4	SY02060004	动力触探仪		用于动力测量涂层锥尖阻力
5	SY02060005	基准梁		用于静载试验中,测试的变形量的基准梁

续上表

序号	编号	设备名称	仪器设备照片	用途
6	SY02060006	分层沉降仪		适用于测量地基土各土层沉降量
7	SY02060007	水位计		用于测量水井、钻孔及水位管中的水位，特别适合于地下水位的观测或土石坝体的坝体浸润线的人工巡检
8	SY02060008	经纬仪		用于测量水平角和竖直角
9	SY02060009	应变控制式压力试验机		主要用于各种金属、非金属及复合材料的拉伸、压缩、弯曲、剪切、剥离、撕裂等力学性能指标的测试
10	SY02060010	灌水法测定装置		适用于现场测定粗粒土的密度

续上表

序号	编　号	设　备　名　称	仪器设备照片	用　　途
11	SY02060011	十字板剪切试验装置		用十字板测定饱和软黏性土不排水抗剪强度和灵敏度的试验装置
12	SY02060012	真空度检测仪		用于鉴定真空灭弧室的真空度；该仪器以磁控放电为原理，以单片机为主控单元，测试过程完全实现自动化
13	SY02060013	应力应变测试仪		综合了静态应变仪和动态应变仪的特点，适用于测量缓慢变化的物理量
14	SY02060014	路面弯沉仪		测定静止加载时或以非常慢的速度加载时路面弹性弯沉值，能良好地反映出路面的总体强度
15	SY02060015	贝克曼梁		用于测定静止加载时或非常慢的速度加载时路面弹性弯沉值

续上表

序号	编号	设备名称	仪器设备照片	用途
16	SY02060016	K_{30}承压板		用于检测反映路基、基床强度与变形参数的承载力指标

三、水文地质测绘类

(一)定位定向(SY0301)

序号	编号	设备名称	仪器设备照片	用途
1	SY03010001	GNSS定位仪		用于将GPS模块获得的定位数据通过移动通信模块(gsm/gprs网络)传至Internet上的一台服务器上,从而可以实现在电脑或手机上查询终端位置
2	SY03010002	罗经		用于确定航向和观测物标方位
3	SY03010003	超短基线定位系统		用于海洋工程水下导航定位
4	SY03010004	长基线定位系统		用于海洋工程水下导航定位,基线长度较超短基线长,精度与超短基线相比较高

(二)浪潮流沙(SY0302)

序号	编号	设备名称	仪器设备照片	用途
1	SY03020001	超声波水位计		采用非接触的测量,被测介质几乎不受限制,可广泛用于各种液体和固体物料高度的测量
2	SY03020002	地下水位计		用于测量地下水水位
3	SY03020003	浮子式验潮仪		利用浮力原理以仪器的浮子升降指示潮高的一种验潮仪
4	SY03020004	压力式验潮仪		利用压力的变化来测量水位变化的一种仪器
5	SY03020005	重锤式料/液位仪		用于监测料斗、筒仓和其他类型容器内粉末、颗粒和液体的传感器。重锤料位计直接测量顶部无料空间距离,间接测量料仓内的物料高度

续上表

序号	编号	设备名称	仪器设备照片	用途
6	SY03020006	超声式波浪测量仪		利用超声波来测量浪高的仪器
7	SY03020007	压力式波浪测量仪		利用压力变化来测量浪高的仪器
8	SY03020008	风速仪		用于测量空气流速
9	SY03020009	旋桨式流速仪		用于测定流水中预定测点的时均流速
10	SY03020010	超声波流速仪		超声波流速仪采用超声换能器,用超声波探测流速

续上表

序号	编　号	设 备 名 称	仪器设备照片	用　　途
11	SY03020011	电磁流速仪		用于测量河流、渠道、溪水等任何大小流速
12	SY03020012	直读式海流计		用于测量海洋、港湾、江河、湖泊、水库、河口中不同深度下水流的速度和方向,尤其适宜于超浅海水域中使用
13	SY03020013	声学多普勒流速剖面仪（ADCP）		声学多普勒流速剖面仪(ADCP)具有能直接测出断面的流速剖面、不扰动流场、测验历时短、测速范围大等特点。用于海洋、河口的流场结构调查、流速和流量测验等
14	SY03020014	含沙量测定仪		用于测定测量泥沙含量
15	SY03020015	颗粒分析仪		用于检测液体中固体颗粒的大小和数量

续上表

序号	编号	设备名称	仪器设备照片	用途
16	SY03020016	推移质采样器		用于采集河流推移质沙样,测定单位宽度的推移质输沙率
17	SY03020017	悬移质采样器		用于采集江河、湖泊、水库、渠道等水体过水断面中瞬时(预定测点)或某一时段内(积点、积深、积宽)悬移质泥沙水样
18	SY03020018	测冰仪		用于在冰面利用电磁脉冲进行隐蔽探测的探地雷达

(三)地形地貌(SY0303)

序号	编号	设备名称	仪器设备照片	用途
1	SY03030001	多波束测深仪		用于绘制海底地形和测量水深

续上表

序号	编　号	设　备　名　称	仪器设备照片	用　　途
2	SY03030002	回声测深仪		用于测量水深
3	SY03030003	声速剖面仪		用于测量海水中声波传播速度，又称声速计
4	SY03030004	姿态测量仪		用于实时输出高精度的三维位置、三维速度、三轴姿态、三轴角速度及三轴加速度信息
5	SY03030005	浅地层剖面仪		用于探测浅底地层的剖面结构
6	SY03030006	侧扫声呐		用于探测海底地貌和水下物体
7	SY03030007	扫描声呐		用于探测海底形态，提供海底形态的声成像

(四)重磁(SY0304)

序号	编 号	设 备 名 称	仪器设备照片	用　途
1	SY03040001	海洋磁力仪		用于测量地球磁力场强度的一款精度很高的测量设备
2	SY03040002	海洋重力仪		用于测量重力加速度的仪器